GREEK

PARADIGM

HANDBOOK

Reference Guide & Memorization Tool

GEANNIKIS — ROMITI

WILFORD

Copyright © 2008 Erikk Geannikis, Andrew Romiti, and P.T. Wilford

ISBN 978-1-58510-307-2
ISBN 10: 1-58510-307-1

11 10 9 8 7 6 5 4 3

0511TC

Printed in Canada

Greek Paradigm Handbook

Many thanks to St. John's College and its tutors.

"βασανίζωμεν δὴ αὐτὰ ἀναλαμβάνοντες,
μᾶλλον δὲ ἡμᾶς αὐτους, οὕτως ἢ οὐχ
οὕτως γράμματα ἐμάθομεν."

(Plato's Theaetetus -203A)

Erikk Geannikis — Andrew Romiti
P.T. Wilford

ἈΠΟΛΟΓΙΑ

Shortly after falling in love with Greek, our passionate determination to understand the language was countered by the mass of morphological information necessary to obtain any real proficiency. As we progressed in our study, we eventually found ourselves writing paradigms in pocket-sized notebooks. We handily consulted these little books for memorization during the spare moments of the day, and additionally used them as quick references while translating. We hope this book is found to be an effective tool for use alongside a reference grammar, helping to make the tremendous task of learning Greek a little easier.

Thank You,

Erikk Geannikis
Andrew Romiti
P.T. Wilford

TABLE OF CONTENTS:

Paradigms:

Appendix:

A Note On Bolded Endings:

Throughout the book, we have marked in **boldface** the endings for each paradigm so as to distinguish these endings from the stem to which they are attached. This has been done so that the endings are clearly marked and can be learned in themselves, allowing for the easy recognition of inflected forms. The exact point of division between stem and ending, however, is not always evident due to the complicated ways in which they sometimes interact. In situations where there is not a clear division between stem and ending, we have bolded what allows for different inflections to be most readily identified.

ABBREVIATIONS:

Acc.	-Accusative	P	-Passive
Act	-Active	P.	-Plural
Adj	-Adjective	Part	-Participle
Aor	-Aorist	Pass	-Passive
Aug	-Augment	Perf	-Perfect
Dat.	-Dative	Periph.	-Periphrastic
End	-Ending	Plup	-Pluperfect
F.	-Feminine	PP	-Principal Part
Fem	-Feminine	Pres	-Present
Fut	-Future	Prim	-Primary
Gen.	-Genitive	Prog	-Progressive
Imp	-Imperfect	PV	-Previous Vowel
Impr	-Imperative	S.	-Singular
Ind	-Indicative	Sec	-Secondary
Inf	-Infinitive	Subj	-Subjunctive
Len	-Lengthen	TV	-Thematic Vowel
M	-Middle	Voc.	-Vocative
M.	-Masculine		
Masc	-Masculine		
Mid	-Middle		
N.	-Neuter		
Neut	-Neuter		
Nom.	-Nominative		
NonTh	-Non Thematic		
Opt	-Optative		

NOUNS

Nominative in η
(τέχν-)

	S.	P.
Nom.	τέχνη	τέχναι
Gen.	τέχνης*	τεχνῶν
Dat.	τέχνῃ	τέχναις
Acc.	τέχνην*	τέχνας*
Voc.	τέχνη	τέχναι

Nominative in α
(θάλαττ-)

	S.	P.
Nom.	θάλαττα	θάλατται
Gen.	θαλάττης*	θαλαττῶν
Dat.	θαλάττῃ	θαλάτταις
Acc.	θάλατταν*	θαλάττας*
Voc.	θάλαττα	θάλατται

Nominative in ε/ι/ρ + ᾱ
(ἡμέρ-)

	S.	P.
Nom.	ἡμέρα	ἡμέραι
Gen.	ἡμέρας*	ἡμερῶν
Dat.	ἡμέρᾱ	ἡμέραις
Acc.	ἡμέραν	ἡμέρας
Voc.	ἡμέρα	ἡμέραι

Nominative in ε/ι/ρ + α
(ἀλήθει-)

	S.	P.
Nom.	ἀλήθεια	ἀλήθειαι
Gen.	ἀληθείας	ἀληθειῶν
Dat.	ἀληθείᾳ	ἀληθείαις
Acc.	ἀλήθειαν	ἀληθείας
Voc.	ἀλήθεια	ἀλήθειαι

NOUNS: 1st Declension/Nominative -ης/-ᾱς (Masc)

Nominative in ης
(ποιητ-)

	S.	P.
Nom.	ποιητής	ποιηταί
Gen.	ποιητοῦ*	ποιητῶν
Dat.	ποιητῇ	ποιηταῖς
Acc.	ποιητήν	ποιητάς
Voc.	ποιητά	ποιηταί

Nominative in ε/ι/ρ + ᾱς
(νεανί-)

	S.	P.
Nom.	νεανίας*	νεανίαι
Gen.	νεανίου*	νεανιῶν
Dat.	νεανίᾳ	νεανίαις
Acc.	νεανίαν	νεανίας
Voc.	νεανία	νεανίαι

NOUNS: 1ˢᵗ Declension/Contracted Nouns -ᾶ/-ῆ (Fem)

Nominative in ᾶ
(μνα-)

	S.	P.
Nom.	μνᾶ	μναῖ
Gen.	μνᾶς	μνῶν
Dat.	μνᾷ	μναῖς
Acc.	μνᾶν	μνᾶς
Voc.	μνᾶ	μναῖ

Nominative in ῆ
(συκη-)

	S.	P.
Nom.	συκῆ	συκαί
Gen.	συκῆς	συκῶν
Dat.	συκῇ	συκαῖς
Acc.	συκῆν	συκᾶς
Voc.	συκῆ	συκαί

2nd

Nominative in ος M/F
(λόγ-)

①

	S.	P.
Nom.	λόγος	λόγοι
Gen.	λόγου	λόγων
Dat.	λόγῳ	λόγοις
Acc.	λόγον	λόγους
Voc.	λόγε	λόγοι

Nominative in ον (Neut.)
(ἔργ-)

②

	S.	P.
Nom.	ἔργον	ἔργα
Gen.	ἔργου	ἔργων
Dat.	ἔργῳ	ἔργοις
Acc.	ἔργον	ἔργα
Voc.	ἔργον	ἔργα

NOUNS: 2nd Declension/Contracted Nouns

Stem in o (Masc)
(νο-)

	S.	P.
Nom.	νοῦς	νοῖ
Gen.	νοῦ	νῶν
Dat.	νῷ	νοῖς
Acc.	νοῦν	νοῦς
Voc.	νοῦ	νοῖ

Stem in ε (Neut)
(ὀστε-)

	S.	P.
Nom.	ὀστοῦν	ὀστᾶ
Gen.	ὀστοῦ	ὀστῶν
Dat.	ὀστῷ	ὀστοῖς
Acc.	ὀστοῦν	ὀστᾶ
Voc.	ὀστοῦν	ὀστᾶ

NOUNS: 2nd Declension/Irregular of the type νεώς

Attic Declension
(νε-)

	S.	P.
Nom.	νεώς	νεώ
Gen.	νεώ	νεών
Dat.	νεώ	νεώς
Acc.	νεών	νεώς
Voc.	νεώς	νεώ

Stem in Labial (π,β,φ)
(κλωπ-)

	S.	P.
Nom.	κλώψ *	κλῶπες
Gen.	κλωπός	κλωπῶν
Dat.	κλωπί	κλωψί(ν) *
Acc.	κλῶπα	κλῶπας
Voc.	κλώψ *	κλῶπες

Stem in Palatal (κ,γ,χ)
(φύλακ-)

	S.	P.
Nom.	φύλαξ *	φύλακες
Gen.	φύλακος	φυλάκων
Dat.	φύλακι	φύλαξι(ν) *
Acc.	φύλακα	φύλακας
Voc.	φύλαξ *	φύλακες

NOUNS: 3rd Declension/Dental (τ, δ, ϑ) Stem Endings

Dental/Stem in δ/(Fem)
($\pi\alpha\tau\rho\acute{\iota}\delta$-)

	S.	P.
Nom.	πατρίς *	πατρίδες
Gen.	πατρίδος	πατρίδων
Dat.	πατρίδι	πατρίσι(ν) *
Acc.	πατρίδα	πατρίδας
Voc.	πατρί *	πατρίδες

Dental/Stem in τ/(Masc)
($\check{\alpha}\rho\chi\text{ov}\tau$-)

	S.	P.
Nom.	ἄρχων	ἄρχοντες
Gen.	ἄρχοντος	ἀρχόντων
Dat.	ἄρχοντι	ἄρχουσι(ν) *
Acc.	ἄρχοντα	ἄρχοντας
Voc.	ἄρχον	ἄρχοντες

NOUNS: 3rd Declension/Dental $(\tau, \delta, \vartheta)$ Stem Endings

Dental/Stem in θ/(Masc)
(ὀρνιθ-)

	S.	P.
Nom.	ὄρνις *	ὄρνιθες
Gen.	ὄρνιθος	ὀρνίθων
Dat.	ὄρνιθι	ὄρνισι(ν) *
Acc.	ὄρνιν *	ὄρνιθας
Voc.	ὄρνι	ὄρνιθες

Dental/Stem in τ/(Neut)
(σώματ-)

	S.	P.
Nom.	σῶμα	σώματα
Gen.	σώματος	σωμάτων
Dat.	σώματι	σώμασι(ν)
Acc.	σῶμα	σώματα
Voc.	σῶμα	σώματα

NOUNS: 3rd Declension/Stems in a nasal (ν) or liquid (λ,ρ)

Stem in nasal (ν)
(δαίμον-)

	S.	P.
Nom.	δαίμων	δαίμονες
Gen.	δαίμονος	δαιμόνων
Dat.	δαίμονι	δαίμοσι(ν)
Acc.	δαίμονα	δαίμονας
Voc.	δαῖμον	δαίμονες

Stem in liquid (λ,ρ)
(ῥήτορ-)

	S.	P.
Nom.	ῥήτωρ	ῥήτορες
Gen.	ῥήτορος	ῥητόρων
Dat.	ῥήτορι	ῥήτορσι(ν)
Acc.	ῥήτορα	ῥήτορας
Voc.	ῥῆτορ	ῥήτορες

NOUNS: 3rd Declension/Stems in ερ or ρ

NOUNS: 3rd Declension/Stems in ερ or ρ

Stem in ερ
(μητερ-)

	S.	P.
Nom.	μήτηρ	μητέρες
Gen.	μητρός	μητέρων
Dat.	μητρί	μητράσι(ν)
Acc.	μητέρα	μητέρας
Voc.	μῆτερ	μητέρες

Stem in ρ
(ἀνερ- or ἀν(δ)ρ-)

	S.	P.
Nom.	ἀνήρ	ἄνδρες
Gen.	ἀνδρός	ἀνδρῶν
Dat.	ἀνδρί	ἀνδράσι(ν)
Acc.	ἄνδρα	ἄνδρας
Voc.	ἄνερ	ἄνδρες

NOUNS: 3rd Declension/Stems in σ

Stem in σ (Masc/Fem)
(τριήρεσ-)

	S.	P.
Nom.	τριήρης	τριήρεις *
Gen.	τριήρους *	τριήρων
Dat.	τριήρει	τριήρεσι(ν)
Acc.	τριήρη	τριήρεις *
Voc.	τριῆρες	τριήρεις

Stem in σ Proper Names
(Σώκρατεσ-)
S.

Nom.	Σωκράτης
Gen.	Σωκράτους
Dat.	Σωκράτει
Acc.	Σωκράτη
Voc.	Σώκρατες

Stem in σ (Neut)
(μέροσ-/εσ-)

	S.	P.
Nom.	μέρος	μέρη
Gen.	μέρους*	μερῶν
Dat.	μέρει	μέρεσι(ν)
Acc.	μέρος	μέρη
Voc.	μέρος	μέρη

Stem in σ (Neut)
(γέρασ-)

	S.	P.
Nom.	γέρας	γέρα
Gen.	γέρως*	γερῶν
Dat.	γέραι	γέρασι(ν)
Acc.	γέρας	γέρα
Voc.	γέρας	γέρα

NOUNS: 3rd Declension/Stems in ι and υ

Stem in ι
(πόλι-)

	S.	P.
Nom.	πόλις	πόλεις
Gen.	πόλεως	πόλεων
Dat.	πόλει	πόλεσι(ν)*
Acc.	πόλιν*	πόλεις
Voc.	πόλι	πόλεις

Stem in υ
(ἄστυ-/ἄστε-)

	S.	P.
Nom.	ἄστυ	ἄστη
Gen.	ἄστεως	ἄστεων
Dat.	ἄστει	ἄστεσι(ν)
Acc.	ἄστυ	ἄστη
Voc.	ἄστυ	ἄστη

NOUNS: 3rd Declension/Stems in ευ, αυ, ου

Stem in ευ
(βασιλεύ-)

	S.	P.
Nom.	βασιλεύς	βασιλῆς/-εῖς
Gen.	βασιλέως	βασιλέων
Dat.	βασιλεῖ	βασιλεῦσι(ν)
Acc.	βασιλέᾱ	βασιλέᾱς
Voc.	βασιλεῦ	βασιλῆς/-εῖς

Stems in αυ
(ναῦ-/νη-)

	S.	P.
Nom.	ναῦς	νῆες
Gen.	νεώς	νεῶν
Dat.	νηί	ναυσί(ν)
Acc.	ναῦν	ναῦς
Voc.	ναῦ	νῆες

<u>NOUNS:</u> 3rd Declension/Stems in ευ, αυ, ου

Stem in ου
(βοῦ-/βο)

	S.	P.
Nom.	βοῦς	βόες
Gen.	βοός	βοῶν
Dat.	βοί	βουσί(ν)
Acc.	βοῦν	βοῦς
Voc.	βοῦ	βόες

ADJECTIVES

Feminine Nominative in η
ἀγαθ-

Singular

	M. 2	F. 1 η	N. 2
Nom.	ἀγαθός	ἀγαθή	ἀγαθόν
Gen.	ἀγαθοῦ	ἀγαθῆς	ἀγαθοῦ
Dat.	ἀγαθῷ	ἀγαθῇ	ἀγαθῷ
Acc.	ἀγαθόν	ἀγαθήν	ἀγαθόν
Voc.	ἀγαθέ	ἀγαθή	ἀγαθόν

Plural

	M. 2	F. 1	N. 2
Nom.	ἀγαθοί	ἀγαθαί	ἀγαθά
Gen.	ἀγαθῶν	ἀγαθῶν	ἀγαθῶν
Dat.	ἀγαθοῖς	ἀγαθαῖς	ἀγαθοῖς
Acc.	ἀγαθούς	ἀγαθάς	ἀγαθά
Voc.	ἀγαθοί	ἀγαθαί	ἀγαθά

ADJECTIVES: 3 Ending Adj/1ˢᵗ + 2ⁿᵈ declension (2-1-2)

Feminine Nominative in ā
δικαι-

Singular

	M. 2	F. 1 α	N. 2
Nom.	δίκαιος	δικαία	δίκαιον
Gen.	δικαίου	δικαίας	δικαίου
Dat.	δικαίῳ	δικαίᾳ	δικαίῳ
Acc.	δίκαιον	δικαίαν	δίκαιον
Voc.	δίκαιε	δικαία	δίκαιον

Plural

	M. 2	F. 1	N. 2
Nom.	δίκαιοι	δίκαιαι	δίκαια
Gen.	δικαίων	δικαίων	δικαίων
Dat.	δικαίοις	δικαίαις	δικαίοις
Acc.	δικαίους	δικαίας	δίκαια
Voc.	δίκαιοι	δίκαιαι	δίκαια

Contracted Adj: stem ending in ε or ο*

ἁπλο-

Singular

	M.	F.	N.
Nom.	ἁπλοῦς *	ἁπλῆ	ἁπλοῦν *
Gen.	ἁπλοῦ	ἁπλῆς	ἁπλοῦ
Dat.	ἁπλῷ	ἁπλῇ	ἁπλῷ
Acc.	ἁπλοῦν *	ἁπλῆν	ἁπλοῦν *
Voc.	ἁπλοῦς	ἁπλῆ	ἁπλοῦν

P. 6   P. 6

Plural

	M.	F.	N.
Nom.	ἁπλοῖ	ἁπλαῖ	ἁπλᾶ
Gen.	ἁπλῶν	ἁπλῶν	ἁπλῶν
Dat.	ἁπλοῖς	ἁπλαῖς	ἁπλοῖς
Acc.	ἁπλοῦς	ἁπλᾶς	ἁπλᾶ
Voc.	ἁπλοῖ	ἁπλαῖ	ἁπλᾶ

2-2 2nd Declension
ἄδικ-

Singular

	M./F. 2	N. 2
Nom.	ἄδικος	ἄδικον
Gen.	ἀδίκου	ἀδίκου
Dat.	ἀδίκῳ	ἀδίκῳ
Acc.	ἄδικον	ἄδικον
Voc.	ἄδικε	ἄδικον

Plural

	M./F.	N.
Nom.	ἄδικοι	ἄδικα
Gen.	ἀδίκων	ἀδίκων
Dat.	ἀδίκοις	ἀδίκοις
Acc.	ἀδίκους	ἄδικα
Voc.	ἄδικοι	ἄδικα

ADJECTIVES: 2 Ending Adj/2nd Declension (2-2)

2-2 Attic Declension
ἵλεα-

Singular

	M./F.	N.
Nom.	ἵλεως	ἵλεων
Gen.	ἵλεω	ἵλεω
Dat.	ἵλεῳ	ἵλεῳ
Acc.	ἵλεων	ἵλεων
Voc.	ἵλεως	ἵλεων

Plural

	M./F.	N.
Nom.	ἵλεῳ	ἵλεα
Gen.	ἵλεων	ἵλεων
Dat.	ἵλεῳς	ἵλεῳς
Acc.	ἵλεως	ἵλεα
Voc.	ἵλεῳ	ἵλεα

3rd dec →

Stem in εσ or ησ
ἀληθέσ-

Singular

	M./F.	N.
Nom.	ἀληθής	ἀληθές
Gen.	ἀληθοῦς	ἀληθοῦς
Dat.	ἀληθεῖ	ἀληθεῖ
Acc.	ἀληθῆ	ἀληθές
Voc.	ἀληθές	ἀληθές

Plural

	M./F.	N.
Nom.	ἀληθεῖς	ἀληθῆ
Gen.	ἀληθῶν	ἀληθῶν
Dat.	ἀληθέσι(ν)	ἀληθέσι(ν)
Acc.	ἀληθεῖς	ἀληθῆ
Voc.	ἀληθεῖς	ἀληθῆ

ADJECTIVES: 2 Ending Adj/3rd Declension (3-3)

Consonant Stem
εὐελπιδ-

Singular

	M./F.	N.
Nom.	εὔελπις	εὔελπι
Gen.	εὐέλπιδος	εὐέλπιδος
Dat.	εὐέλπιδι	εὐέλπιδι
Acc.	εὔελπιν	εὔελπι
Voc.	εὔελπι	εὔελπι

Plural

	M./F.	N.
Nom.	εὐέλπιδες	εὐέλπιδα
Gen.	εὐελπίδων	εὐελπίδων
Dat.	εὐέλπισι(ν)	εὐέλπισι(ν)
Acc.	εὐέλπιδας	εὐέλπιδα
Voc.	εὐέλπιδες	εὐέλπιδα

Stem in ον
σώφρον-

Singular

	M./F.	N.
Nom.	σώφρων	σῶφρον
Gen.	σώφρονος	σώφρονος
Dat.	σώφρονι	σώφρονι
Acc.	σώφρονα	σῶφρον
Voc.	σῶφρον	σῶφρον

Plural

	M./F.	N.
Nom.	σώφρονες	σώφρονα
Gen.	σωφρόνων	σωφρόνων
Dat.	σώφροσι(ν)	σώφροσι(ν)
Acc.	σώφρονας	σώφρονα
Voc.	σώφρονες	σώφρονα

ADJECTIVES: 3 Ending Adj/1st + 3rd Declension (3-1-3)

Stem in ν
μέλαν-

Singular

	M.	F.	N.
Nom.	μέλᾱς	μέλαινα	μέλαν
Gen.	μέλανος	μελαίνης	μέλανος
Dat.	μέλανι	μελαίνῃ	μέλανι
Acc.	μέλανα	μέλαιναν	μέλαν
Voc.	μέλαν	μέλαινα	μέλαν

Plural

	M.	F.	N.
Nom.	μέλανες	μέλαιναι	μέλανα
Gen.	μελάνων	μελαινῶν	μελάνων
Dat.	μέλασι(ν)	μελαίναις	μέλασι(ν)
Acc.	μέλανας	μελαίνας	μέλανα
Voc.	μέλανες	μέλαιναι	μέλανα

ADJECTIVES: 3 Ending Adj/1ˢᵗ + 3ʳᵈ Declension (3-1-3)

Stem in ντ
παντ-

Singular

	M.	F.	N.
Nom.	πᾶς	πᾶσα	πᾶν
Gen.	παντός	πάσης	παντός
Dat.	παντί	πάσῃ	παντί
Acc.	πάντα	πᾶσαν	πᾶν
Voc.	πᾶς	πᾶσα	πᾶν

Plural

	M.	F.	N.
Nom.	πάντες	πᾶσαι	πάντα
Gen.	πάντων	πασῶν	πάντων
Dat.	πᾶσι(ν)	πάσαις	πᾶσι(ν)
Acc.	πάντας	πάσας	πάντα
Voc.	πάντες	πᾶσαι	πάντα

ADJECTIVES: 3 Ending Adj/1ˢᵗ + 3ʳᵈ Declension (3-1-3)

Stem in ντ
χαρίεντ-

Singular

	M.	F.	N.
Nom.	χαρίεις	χαρίεσσα	χαρίεν
Gen.	χαρίεντος	χαριέσσης	χαρίεντος
Dat.	χαρίεντι	χαριέσσῃ	χαρίεντι
Acc.	χαρίεντα	χαρίεσσαν	χαρίεν
Voc.	χαρίεν	χαρίεσσα	χαρίεν

Plural

	M.	F.	N.
Nom.	χαρίεντες	χαρίεσσαι	χαρίεντα
Gen.	χαριέντων	χαριεσσῶν	χαριέντων
Dat.	χαρίεσι(ν)	χαριέσσαις	χαρίεσι(ν)
Acc.	χαρίεντας	χαριέσσας	χαρίεντα
Voc.	χαρίεντες	χαρίεσσαι	χαρίεντα

ADJECTIVES: 3 Ending Adj/1st + 3rd Declension (3-1-3)

Stem in υ/ε
ἡδυ/ε-

Singular

	M.	F.	N.
Nom.	ἡδύς	ἡδεῖα	ἡδύ
Gen.	ἡδέος	ἡδείας	ἡδέος
Dat.	ἡδεῖ	ἡδείᾳ	ἡδεῖ
Acc.	ἡδύν	ἡδεῖαν	ἡδύ
Voc.	ἡδύ	ἡδεῖα	ἡδύ

Plural

	M.	F.	N.
Nom.	ἡδεῖς	ἡδεῖαι	ἡδέα
Gen.	ἡδέων	ἡδειῶν	ἡδέων
Dat.	ἡδέσι(ν)	ἡδείαις	ἡδέσι(ν)
Acc.	ἡδεῖς	ἡδείας	ἡδέα
Voc.	ἡδεῖς	ἡδεῖαι	ἡδέα

ADJECTIVES/Irregular: πολύς

πολύ/πολλό-

Singular

	M.	F.	N.
Nom.	πολύς	πολλή	πολύ
Gen.	πολλοῦ	πολλῆς	πολλοῦ
Dat.	πολλῷ	πολλῇ	πολλῷ
Acc.	πολύν	πολλήν	πολύ

Plural

	M.	F.	N.
Nom.	πολλοί	πολλαί	πολλά
Gen.	πολλῶν	πολλῶν	πολλῶν
Dat.	πολλοῖς	πολλαῖς	πολλοῖς
Acc.	πολλούς	πολλάς	πολλά

ADJECTIVES/Irregular: μέγας

μεγα/μεγάλο-

Singular

	M.	F.	N.
Nom.	μέγας	μεγάλη	μέγα
Gen.	μεγάλου	μεγάλης	μεγάλου
Dat.	μεγάλῳ	μεγάλῃ	μεγάλῳ
Acc.	μέγαν	μεγάλην	μέγα
Voc.	μεγάλε	μεγάλη	μέγα

Plural

	M.	F.	N.
Nom.	μεγάλοι	μεγάλαι	μεγάλα
Gen.	μεγάλων	μεγάλων	μεγάλων
Dat.	μεγάλοις	μεγάλαις	μεγάλοις
Acc.	μεγάλους	μεγάλας	μεγάλα
Voc.	μεγάλοι	μεγάλαι	μεγάλα

ADJECTIVES: Comparative Adjective

-τερ-

Comparative Stem in τερ
δικαιοτερ-

Singular

	M.	F.	N.
Nom.	δικαιότερος	δικαιοτέρα	δικαιότερον
Gen.	δικαιοτέρου	δικαιοτέρας	δικαιοτέρου
Dat.	δικαιοτέρῳ	δικαιοτέρᾳ	δικαιοτέρῳ
Acc.	δικαιότερον	δικαιοτέραν	δικαιότερον
Voc.	δικαιότερε	δικαιοτερά	δικαιότερον

Plural

	M.	F.	N.
Nom.	δικαιότεροι	δικαιότεραι	δικαιότερα
Gen.	δικαιοτέρων	δικαιοτέρων	δικαιοτέρων
Dat.	δικαιοτέροις	δικαιοτέραις	δικαιοτέροις
Acc.	δικαιοτέρους	δικαιοτέρας	δικαιότερα
Voc.	δικαιότεροι	δικαιότεραι	δικαιότερα

ADJECTIVES: Comparative Adjective - ιων, ιον

Comparatives in ιων, ῑον
καλλιον-

Singular

	M./F.	N.
Nom.	καλλίων	κάλλιον
Gen.	καλλίονος	κάλλιονος
Dat.	καλλίονι	κάλλιονι
Acc.	καλλίονα/ καλλίω	κάλλιον
Voc.	κάλλιον	κάλλιον

Plural

	M./F.	N.
Nom.	καλλίονες/καλλίους	καλλίονα/καλλίω
Gen.	καλλιόνων	καλλιόνων
Dat.	καλλίοσι(ν)	καλλίοσι(ν)
Acc.	καλλίονας/καλλίους	καλλίονα/καλλίω
Voc.	καλλίονες/καλλίους	καλλίονα/καλλίω

ADJECTIVES/Numerals: One & Two

One

Singular

	M.	F.	N.
Nom.	εἷς	μία	ἕν
Gen.	ἑνός	μιᾶς	ἑνός
Dat.	ἑνί	μιᾷ	ἑνί
Acc.	ἕνα	μίαν	ἕν

Two
Dual
M./F./N.

Nom.	δύο
Gen.	δυοῖν
Dat.	δυοῖν
Acc.	δύο

ADJECTIVES/Numerals: Three & Four

Three

	M./F.	N.
Nom.	τρεῖς	τρία
Gen.	τριῶν	τριῶν
Dat.	τρισί(ν)	τρισί(ν)
Acc.	τρεῖς	τρία

Four

	M./F.	N.
Nom.	τέτταρες	τέτταρα
Gen.	τεττάρων	τεττάρων
Dat.	τέτταρσι(ν)	τέτταρσι(ν)
Acc.	τέτταρας	τέτταρα

PRONOUNS

PRONOUNS: Definite Article

Definite Article

Singular

	M.	F.	N.
Nom.	ὁ	ἡ	τό
Gen.	τοῦ	τῆς	τοῦ
Dat.	τῷ	τῇ	τῷ
Acc.	τόν	τήν	τό

Plural

	M.	F.	N.
Nom.	οἱ	αἱ	τά
Gen.	τῶν	τῶν	τῶν
Dat.	τοῖς	ταῖς	τοῖς
Acc.	τούς	τάς	τά

PRONOUNS: Personal Pronouns

First Person

	S.	P.
Nom.	ἐγω	ἡμεῖς
Gen.	μου/ἐμοῦ	ἡμῶν
Dat.	μοι/ἐμοί	ἡμῖν
Acc.	με/ἐμέ	ἡμᾶς

Second Person

	S.	P.
Nom.	σύ	ὑμεῖς
Gen.	σου/σοῦ	ὑμῶν
Dat.	σοι/σοί	ὑμῖν
Acc.	σε/σέ	ὑμᾶς

PRONOUNS: Intensive Pronoun αὐτός

<u>αὐτός, αὐτή, αὐτό</u>

Singular

	M.	F.	N.
Nom.	αὐτός	αὐτή	αὐτό
Gen.	αὐτοῦ	αὐτῆς	αὐτοῦ
Dat.	αὐτῷ	αὐτῇ	αὐτῷ
Acc.	αὐτόν	αὐτήν	αὐτό

3rd
p.
pro
in
obl. ce
only

Plural

	M.	F.	N.
Nom.	αὐτοί	αὐταί	αὐτά
Gen.	αὐτῶν	αὐτῶν	αὐτῶν
Dat.	αὐτοῖς	αὐταῖς	αὐτοῖς
Acc.	αὐτούς	αὐτάς	αὐτά

First Person

Singular

	M.	F.
Gen.	ἐμαυτοῦ	ἐμαυτῆς
Dat.	ἐμαυτῷ	ἐμαυτῇ
Acc.	ἐμαυτόν	ἐμαυτήν

Plural

	M.	F.
Gen.	ἡμῶν αὐτῶν	ἡμῶν αὐτῶν
Dat.	ἡμῖν αὐτοῖς	ἡμῖν αὐταῖς
Acc.	ἡμᾶς αὐτούς	ἡμᾶς αὐτάς

Second Person

Singular

	M.	F.
Gen.	σ(ε)αυτοῦ	σ(ε)αυτῆς
Dat.	σ(ε)αυτῷ	σ(ε)αυτῇ
Acc.	σ(ε)αυτόν	σ(ε)αυτήν

Plural

	M.	F.
Gen.	ὑμῶν αὐτῶν	ὑμῶν αὐτῶν
Dat.	ὑμῖν αὐτοῖς	ὑμῖν αὐταῖς
Acc.	ὑμᾶς αὐτούς	ὑμᾶς αὐτάς

PRONOUNS: Reflexive Pronoun Third Person

Third Person

Singular

	M.	F.	N.
Gen.	ἑαυτοῦ	ἑαυτῆς	ἑαυτοῦ
Dat.	ἑαυτῷ	ἑαυτῇ	ἑαυτῷ
Acc.	ἑαυτόν	ἑαυτήν	ἑαυτό

Plural

	M.	F.	N.
Gen.	ἑαυτῶν	ἑαυτῶν	ἑαυτῶν
Dat.	ἑαυτοῖς	ἑαυταῖς	ἑαυτοῖς
Acc.	ἑαυτούς	ἑαυτάς	ἑαυτά

Third Person

Singular

	M.	F.	N.
Gen.	αὐτοῦ	αὐτῆς	αὐτοῦ
Dat.	αὐτῷ	αὐτῇ	αὐτῷ
Acc.	αὐτόν	αὐτήν	αὐτό

Plural

	M.	F.	N.
Gen.	αὐτῶν	αὐτῶν	αὐτῶν
Dat.	αὐτοῖς	αὐταῖς	αὐτοῖς
Acc.	αὐτούς	αὐτάς	αὐτά

PRONOUNS: Demonstrative Pronouns/Adjectives

οὗτος, αὕτη, τοῦτο

Singular

	M.	F.	N.
Nom.	οὗτος	αὕτη	τοῦτο
Gen.	τούτου	ταύτης	τούτου
Dat.	τούτῳ	ταύτῃ	τούτῳ
Acc.	τοῦτον	ταύτην	τοῦτο

Plural

	M.	F.	N.
Nom.	οὗτοι	αὗται	ταῦτα
Gen.	τούτων	τούτων	τούτων
Dat.	τούτοις	ταύταις	τούτοις
Acc.	τούτους	ταύτας	ταῦτα

PRONOUNS: Demonstrative Pronouns/Adjectives

ἐκεῖνος, -η, -ο

Singular

	M.	F.	N.
Nom.	ἐκεῖνος	ἐκείνη	ἐκεῖνο
Gen.	ἐκείνου	ἐκείνης	ἐκείνου
Dat.	ἐκείνῳ	ἐκείνῃ	ἐκείνῳ
Acc.	ἐκεῖνον	ἐκείνην	ἐκεῖνο

Plural

	M.	F.	N.
Nom.	ἐκεῖνοι	ἐκεῖναι	ἐκεῖνα
Gen.	ἐκείνων	ἐκείνων	ἐκείνων
Dat.	ἐκείνοις	ἐκείναις	ἐκείνοις
Acc.	ἐκείνους	ἐκείνᾱς	ἐκεῖνα

PRONOUNS: Demonstrative Pronouns/Adjectives

ὅδε, ἥδε, τόδε

Singular

	M.	F.	N.
Nom.	ὅδε	ἥδε	τόδε
Gen.	τοῦδε	τῆσδε	τοῦδε
Dat.	τῷδε	τῇδε	τῷδε
Acc.	τόνδε	τήνδε	τόδε

Plural

	M.	F.	N.
Nom.	οἵδε	αἵδε	τάδε
Gen.	τῶνδε	τῶνδε	τῶνδε
Dat.	τοῖσδε	ταῖσδε	τοῖσδε
Acc.	τούσδε	τάσδε	τάδε

PRONOUNS: Reciprocal Pronoun

Plural

	M.	F.	N.
Gen.	ἀλλήλων	ἀλλήλων	ἀλλήλων
Dat.	ἀλλήλοις	ἀλλήλαις	ἀλλήλοις
Acc.	ἀλλήλους	ἀλλήλας	ἄλληλα

Interrogative pronoun/adjective

Singular

	M./F.	N.
Nom.	τίς	τί
Gen.	τίνος/τοῦ	τίνος/τοῦ
Dat.	τίνι/τῷ	τίνι/τῷ
Acc.	τίνα	τί

Plural

	M./F.	N.
Nom.	τίνες	τίνα
Gen.	τίνων	τίνων
Dat.	τίσι(ν)	τίσι(ν)
Acc.	τίνας	τίνα

PROUNOUNS: Indefinite pronoun/adjective

Indefinite pronoun/adjective

Singular

	M./F.	N.
Nom.	τις	τι
Gen.	τινός/του	τινός/του
Dat.	τινί/τῳ	τινί/τῳ
Acc.	τινά	τι

Plural

	M./F.	N.
Nom.	τινές	τινά
Gen.	τινῶν	τινῶν
Dat.	τισί(ν)	τισί(ν)
Acc.	τινάς	τινά

Relative Pronoun

Singular

	M.	F.	N.
Nom.	ὅς	ἥ	ὅ
Gen.	οὗ	ἧς	οὗ
Dat.	ᾧ	ᾗ	ᾧ
Acc.	ὅν	ἥν	ὅ

Plural

	M.	F.	N.
Nom.	οἵ	αἵ	ἅ
Gen.	ὧν	ὧν	ὧν
Dat.	οἷς	αἷς	οἷς
Acc.	οὕς	ἅς	ἅ

Indefinite Relative Pronoun

Singular

	M.	F.	N.
Nom.	ὅστις	ἥτις	ὅτι
Gen.	οὗτινος/ὅτου	ἧστινος	οὗτινος/ὅτου
Dat.	ᾧτινι/ὅτῳ	ᾗτινι	ᾧτινι/ὅτῳ
Acc.	ὅντινα	ἥντινα	ὅτι

Plural

	M.	F.	N.
Nom.	οἵτινες	αἵτινες	ἅτινα/ἅττα
Gen.	ὧντινων/ὅτων	ὧντινων	ὧντινων/ὅτων
Dat.	οἷστισι(ν)/ὅτοις	αἷστισι(ν)	οἷστισι(ν)/ὅτοις
Acc.	οὕστινας	ἅστινας	ἅτινα/ἅττα

Indirect Interrogative Pronoun

Singular

	M.	F.	N.
Nom.	ὅστις	ἥτις	ὅτι
Gen.	οὗτινος/ὅτου	ἧστινος	οὗτινος/ὅτου
Dat.	ᾧτινι/ὅτῳ	ᾗτινι	ᾧτινι/ὅτῳ
Acc.	ὅντινα	ἥντινα	ὅτι

Plural

	M.	F.	N.
Nom.	οἵτινες	αἵτινες	ἅτινα/ἅττα
Gen.	ὧντινων/ὅτων	ὧντινων	ὧντινων/ὅτων
Dat.	οἷστισι(ν)/ὅτοις	αἷστισι(ν)	οἷστισι(ν)/ὅτοις
Acc.	οὕστινας	ἅστινας	ἅτινα/ἅττα

PRONOUNS: Negative Pronoun/Adjective

Negative Pronoun/Adjective (οὐδε)

Singular

	M.	F.	N.
Nom.	οὐδείς	οὐδεμία	οὐδέν
Gen.	οὐδενός	οὐδεμιᾶς	οὐδενός
Dat.	οὐδενί	οὐδεμιᾷ	οὐδενί
Acc.	οὐδένα	οὐδεμίαν	οὐδέν

Negative Pronoun/Adjective (μηδε)

Singular

	M.	F.	N.
Nom.	μηδείς	μηδεμία	μηδέν
Gen.	μηδενός	μηδεμιᾶς	μηδενός
Dat.	μηδενί	μηδεμιᾷ	μηδενί
Acc.	μηδένα	μηδεμίαν	μηδέν

VERBS

VERBS/Intro: Table of Contents – Verb Section

VERBS/Intro: Organization and Verb Paradigm Titles

Organization of Verb Section:

The verb paradigms comprising this section are organized first according to different classes of verbs (thematic, contract, -μι verbs or non-thematic, and irregular). Within this larger structure, paradigms are organized according to tense and aspect. Thus, within the thematic verbs, one will find all the progressive paradigms grouped together, followed by all the future paradigms, and so on. Within each tense, paradigms are organized according to mood and voice. The presentation of moods always follows the order: indicative, subjunctive, optative, imperative. Infinitive forms come at the end of each tense grouping.

A Note on Verb Paradigm Titles:

The *tense* of a given verb can include information about *aspect* as well as *time*. A verb in a non-indicative mood is frequently said to be in the "*present tense*." This is said with an understanding that in such cases this term indicates *progressive aspect,* with no relation to *time*. We have tried to make the first term in the title of our verb paradigms as descriptive as possible. This term, then, will at least convey information about *aspect* (e.g. *progressive*), and, when appropriate, both *aspect* and *time* (e.g. *pluperfect*).

VERBS/Intro: Principal Parts & Construction Descriptions

Principal Parts:

I	Present(Progressive)/Indicative/Active
II	Future/Indicative/Active
III	Aorist/Indicative/Active
IV	Perfect/Indicative/Active
V	Perfect/Indicative/Middle & Passive
VI	Aorist/Indicative/Passive

Construction Descriptions:

Following the title of each paradigm in the verb section is a construction description explaining how the paradigm is formed. Each paradigm is based on one principal part which is altered in various ways to show tense and mood, to which one set of personal endings is then added. It should be noted, however, that these descriptions are far from perfectly accurate. They are meant more as a guideline than as a technical description. There are irregularities in the formants and endings of many paradigms, and contraction rules should always be kept in mind. This should be especially noted for any forms given as "irregular."

VERBS/Intro: Primary Endings/Act & M+P

Primary Endings/Active

	S.	P.
1	-ω/-μι	-μεν
2	-εις [-ς/-σι]	-τε
3	-ει [-σι/-τι]	-ουσι(ν) [-νσι/-ντι]

Primary Endings/Middle & Passive

	S.	P.
1	-μαι	-μεθα
2	-ει/-η [-σαι]	-σθε
3	-ται	-νται

* The bracketed endings in the above charts are the original personal endings and they do appear in numerous verb forms, particularly in the conjugation of non-thematic verbs. The non-bracketed endings, however, are just as common and appear throughout the thematic conjugations. These forms are the result of various morphological changes made to the original personal endings such as the dropping of an intervocalic sigma or a combination with the thematic vowel.

Secondary Endings/Active

	S.	P.
1	-ν/(opt -μι)	-μεν
2	-ς	-τε
3	none	-ν/-σαν

Secondary Endings/Middle & Passive

	S.	P.
1	-μην	-μεθα
2	-ου/-ο [-σο]	-σθε
3	-το	-ντο

* The bracketed endings in the above charts are the original personal endings and they do appear in numerous verb forms, particularly in the conjugation of non-thematic verbs. The non-bracketed endings, however, are just as common and appear throughout the thematic conjugations. These forms are the result of various morphological changes made to the original personal endings such as the dropping of an intervocalic sigma or a combination with the thematic vowel.

Imperative Endings/Active

	S.	P.
2	None*	-τε
3	-τω	-ντων

Imperative Endings/Middle & Passive

	S.	P.
2	-ου/-ο [-σο]*	-σθε
3	-σθω	-σθων

* There are no second person singular imperative endings that are consistent throughout all tenses. This is true in all three voices. The endings given above are the most common, but these forms should be learned separately for each tense and class of verbs.

Infinitive Endings/Prog & Future:

Act	M+P
-ειν	-εσθαι

Infinitive Endings/1st Aorist:

Act	Mid
-σαι	-ασθαι

Infinitive Endings/2nd Aorist:

Act	Mid
-εῖν	-εσθαι

Infinitive Endings/Aorist:

Pass

-ῆναι

Infinitive Endings/Perfect & NonTh:

Act	M+P
-έναι	-σθαι

VERBS: Pres(Prog)/Ind/Act & M+P (of λύω)

Pres/Ind/Act: PPI + -o/ε + PrimEnd(Act)

	S.	P.
1	λύω	λύομεν
2	λύεις	λύετε
3	λύει	λύουσι(ν)

Pres/Ind/M+P: PPI + -o/ε + PrimEnd(M/P)

	S.	P.
1	λύομαι	λυόμεθα
2	λύει/λύῃ	λύεσθε
3	λύεται	λύονται

VERBS: Imp(PastProg)/Ind/Act & M+P (of λύω)

Imp/Ind/Act: ε Aug + PPI + -o/ε + SecEnd(Act)

	S.	P.
1	ἔλυον	ἐλύομεν
2	ἔλυες	ἐλύετε
3	ἔλυε(ν)	ἔλυον

Imp/Ind/M+P: ε Aug+ PPI + -o/ε +SecEnd(M/P)

	S.	P.
1	ἐλυόμην	ἐλυόμεθα
2	ἐλύου	ἐλύεσθε
3	ἐλύετο	ἐλύοντο

VERBS: Prog/Subj/Act & M+P (of λύω)

Prog/Subj/Act: PPI + Len TV + PrimEnd(Act)

	S.	P.
1	λύω	λύωμεν
2	λύῃς	λύητε
3	λύῃ	λύωσι(ν)

Prog/Subj/M+P: PPI + Len TV + PrimEnd(M/P)

	S.	P.
1	λύωμαι	λυώμεθα
2	λύῃ	λύησθε
3	λύηται	λύωνται

VERBS: Prog/Opt/Act & M+P (of λύω)

Prog/Opt/Act: PPI + -οι + SecEnd(Act)

	S.	P.
1	λύοιμι	λύοιμεν
2	λύοις	λύοιτε
3	λύοι	λύοιεν

Prog/Opt/M+P: PPI + -οι + SecEnd(M/P)

	S.	P.
1	λυοίμην	λυοίμεθα
2	λύοιο	λύοισθε
3	λύοιτο	λύοιντο

VERBS: Prog/Impr/Act & M+P (of λύω)

Prog/Impr/Act: PPI + o/ε + ImprEnd(Act)

	S.	P.
2	λῦε	λύετε
3	λυέτω	λυόντων

Prog/Impr/M+P: PPI + o/ε + ImprEnd(M/P)

	S.	P.
2	λύου	λύεσθε
3	λυέσθω	λυέσθων

VERBS: Prog/Inf/Act & M+P (of λύω)

Prog/Inf: PPI + InfEnd(Prog)

Act	λύειν
M+P	λύεσθαι

VERBS: Fut/Ind/Act & Mid & Pass (of λύω)

Fut/Ind/Act: PPII + -o/ε + PrimEnd(Act)

	S.	P.
1	λύσω	λύσομεν
2	λύσεις	λύσετε
3	λύσει	λύσουσι(ν)

Fut/Ind/Mid: PPII + -o/ε + PrimEnd(M/P)

	S.	P.
1	λύσομαι	λυσόμεθα
2	λύσει/λύσῃ	λύσεσθε
3	λύσεται	λύσονται

Fut/Ind/Pass: PPVI(-ε Aug) + -ης* + PrimEnd(M/P)

	S.	P.
1	λυθήσομαι	λυθησόμεθα
2	λυθήσει/λυθήσῃ	λυθήσεσθε
3	λυθήσεται	λυθήσονται

---

* The removal of the ε augment and the addition of -ης transforms PPVI from the aorist passive tense stem to the future passive tense stem.

VERBS: Fut/Opt/Act & Mid & Pass (of λύω)

Fut/Opt/Act: PPII + -οι + SecEnd(Act)

	S.	P.
1	λύσοιμι	λύσοιμεν
2	λύσοις	λύσοιτε
3	λύσοι	λύσοιεν

Fut/Opt/Mid: PPII + -οι + SecEnd(M/P)

	S.	P.
1	λυσοίμην	λυσοίμεθα
2	λύσοιο	λύσοισθε
3	λύσοιτο	λύσοιντο

Fut/Opt/Pass: PPVI(-ε Aug) + -ησοι* + SecEnd(M/P)

	S.	P.
1	λυθησοίμην	λυθησοίμεθα
2	λυθήσοιο	λυθήσοισθε
3	λυθήσοιτο	λυθήσοιντο

* As in the future indicative passive, PPVI is here altered to create the future passive tense stem. The addition of -ησοι is a combination of this change and the addition of the optative mood formant.

VERBS: Fut/Inf/Act & Mid & Pass (of λύω)

Fut/Inf: PPI + InfEnd(Prog)

Act	λύσειν
Mid	λύσεσθαι

Fut/Inf: PPVI(-ε Aug) + InfEnd(Prog)

Pass	λυθήσεσθαι

VERBS: 1Aor/Ind/Act & Mid (of λύω)

1 Aor/Ind/Act: PPIII + -α + SecEnd(Act)

	S.	P.
1	ἔλυσα	ἐλύσαμεν
2	ἔλυσας	ἐλύσατε
3	ἔλυσε(ν)	ἔλυσαν

1 Aor/Ind/Mid: PPIII + -α + SecEnd(M/P)

	S.	P.
1	ἐλυσάμην	ἐλυσάμεθα
2	ἐλύσω	ἐλύσασθε
3	ἐλύσατο	ἐλύσαντο

1 Aor/Subj/Act: PPIII(-εAug) + Len TV + PrimEnd(Act)

	S.	P.
1	λύσω	λύσωμεν
2	λύσῃς	λύσητε
3	λύσῃ	λύσωσι(ν)

1 Aor/Subj/Mid: PPIII(-εAug)+ Len TV + PrimEnd(M/P)

	S.	P.
1	λύσωμαι	λυσώμεθα
2	λύσῃ	λύσησθε
3	λύσηται	λύσωνται

VERBS: 1Aor/Opt/Act & Mid (of λύω)

1 Aor/Opt/Act: PPIII(-ε Aug) + -αι + SecEnd(Act)

	S.	P.
1	λύσαιμι	λύσαιμεν
2	λύσαις/λύσειας	λύσαιτε
3	λύσαι/λύσειε(ν)	λύσαιεν/λύσειαν

1 Aor/Opt/Mid: PPIII(-ε Aug) + -αι + SecEnd(M/P)

	S.	P.
1	λυσαίμην	λυσαίμεθα
2	λύσαιο	λύσαισθε
3	λύσαιτο	λύσαιντο

VERBS: 1 Aor/Impr/Act & Mid (of λύω)

1 Aor/Impr/Act: PPIII(-ε Aug) + -α + ImprEnd(Act)

	S.	P.
2	λῦσον	λύσατε
3	λυσάτω	λυσάντων

1 Aor/Impr/Mid: PPIII(-ε Aug) + -α +ImprEnd(M/P)

	S.	P.
2	λῦσαι	λύσασθε
3	λυσάσθω	λυσάσθων

VERBS: 1 Aor/Inf/Act & Mid (of λύω)

1 Aor/Inf: PPIII(-ε Aug) + InfEnd(Aor)

	Act	λῦσαι
	Mid	λύσασθαι

VERBS: 2 Aor/Ind/Act & Mid (of λείπω)

2 Aor/Ind/Act: PPIII + -ο/ε + SecEnd(Act)

	S.	P.
1	ἔλιπον	ἐλίπομεν
2	ἔλιπες	ἐλίπετε
3	ἔλιπε(ν)	ἔλιπον

2 Aor/Ind/Mid: PPIII + -ο/ε + SecEnd(M/P)

	S.	P.
1	ἐλιπόμην	ἐλιπόμεθα
2	ἐλίπου	ἐλίπεσθε
3	ἐλίπετο	ἐλίποντο

VERBS: 2 Aor/Subj/Act & Mid (of λείπω)

2 Aor/Subj/Act: PPIII(-εAug) + Len TV + PrimEnd(Act)

	S.	P.
1	λίπω	λίπωμεν
2	λίπῃς	λίπητε
3	λίπῃ	λίπωσι(ν)

2 Aor/Subj/Mid: PPIII(-εAug)+ Len TV+ PrimEnd(M/P)

	S.	P.
1	λίπωμαι	λιπώμεθα
2	λίπῃ	λίπησθε
3	λίπηται	λίπωνται

2 Aor/Opt/Act: PPIII(-ε Aug) + -οι + SecEnd(Act)

	S.	P.
1	λίποιμι	λίποιμεν
2	λίποις	λίποιτε
3	λίποι	λίποιεν

2 Aor/Opt/Mid: PPIII(-ε Aug) + -οι + SecEnd(M/P)

	S.	P.
1	λιποίμην	λιποίμεθα
2	λίποιο	λίποισθε
3	λίποιτο	λίποιντο

2 Aor/Impr/Act: PPIII(-ε Aug) + -o/ε + ImprEnd(Act)

	S.	P.
2	λίπε	λίπετε
3	λιπέτω	λιπόντων

2 Aor/Impr/Mid: PPIII(-ε Aug)+ -o/ε + ImprEnd(M/P)

	S.	P.
2	λιποῦ	λίπεσθε
3	λιπέσθω	λιπέσθων

VERBS: 2 Aor/Inf/Act & Mid (of λείπω)

2 Aor/Inf: PPIII(-ε Aug) + InfEnd(Aor)

Act	λιπεῖν
Mid	λιπέσθαι

VERBS: Aor/Ind & Subj & Opt/Pass (of λύω)

Aor/Ind/Pass: PPVI + -η + SecEnd(Act)

	S.	P.
1	ἐλύθην	ἐλύθημεν
2	ἐλύθης	ἐλύθητε
3	ἐλύθη	ἐλύθησαν

Aor/Subj/Pass: PPVI(-εAug) + Len TV + PrimEnd(Act)

	S.	P.
1	λυθῶ	λυθῶμεν
2	λυθῇς	λυθῆτε
3	λυθῇ	λυθῶσι(ν)

Aor/Opt/Pass: PPVI(-εAug) + -ει + -η + SecEnd(Act)

	S.	P.
1	λυθείην	λυθεῖμεν/-είημεν
2	λυθείης	λυθεῖτε/-είητε
3	λυθείη	λυθεῖεν/-είησαν

VERBS: Aor/Impr & Inf/Pass (of λύω)

Aor/Impr/Act: PPVI(-ε Aug) + η/ε ImprEnd(Act)

	S.	P.
2	λύθητι	λύθητε
3	λυθήτω	λυθέντων

Aor/Inf: PPVI(-ε Aug) + InfEnd(Aor)

Act	λυθῆναι

VERBS: Perf(Pres)/Ind/Act & M+P (of λύω)

Perf/Ind/Act: PPIV + -α + PrimEnd(Act)

	S.	P.
1	λέλυκ**α**	λελύκ**αμεν**
2	λέλυκ**ας**	λελύκ**ατε**
3	λέλυκ**ε(ν)**	λελύκ**ασι(ν)**

Perf/Ind/M+P: PPV + PrimEnd(M/P)

	S.	P.
1	λέλυ**μαι**	λελύ**μεθα**
2	λέλυ**σαι**	λέλυ**σθε**
3	λέλυ**ται**	λέλυ**νται**

VERBS: Plup(Past)/Ind/Act & M+P (of λύω)

Plup/Ind/Act: ε Aug + PPIV+ -η/ε + SecEnd(Act)

	S.	P.
1	ἐλελύκη	ἐλελύκεμεν
2	ἐλελύκης	ἐλελύκετε
3	ἐλελύκει(ν)	ἐλελύκεσαν

Plup/Ind/M+P: ε Aug + PPV + SecEnd(M/P)

	S.	P.
1	ἐλελύμην	ἐλελύμεθα
2	ἐλέλυσο	ἐλέλυσθε
3	ἐλέλυτο	ἐλέλυντο

VERBS: Perf/Subj/Act & M+P (of λύω)

Perf/Subj/Act: PPIV + Len TV + PrimEnd(Act)

	S.	P.
1	λελύκ**ω**	λελύκ**ωμεν**
2	λελύκ**ης**	λελύκ**ητε**
3	λελύκ**η**	λελύκ**ωσι(ν)**

Perf/Subj/Act(Periph.): PerfPart(Act) + εἰμί(Subj)

	S.	P.
1	λελυκὼς + ὦ	λελυκότες + ὦμεν
2	λελυκὼς + ἦς	λελυκότες + ἦτε
3	λελυκὼς + ἦ	λελυκότες + ὦσι(ν)

Perf/Subj/M+P(Periph.): PerfPart(M/P) + εἰμί(Subj)

	S.	P.
1	λελυμένος + ὦ	λελυμένοι +ὦμεν
2	λελυμένος + ἦς	λελυμένοι + ἦτε
3	λελυμένος + ἦ	λελυμένοι + ὦσι(ν)

VERBS: Perf/Opt/Act & M+P (of λύω)

Perf/Opt/Act: PPIV + -οι + SecEnd(Act)

	S.	P.
1	λελύκ**οιμι**/-κ**οίην**	λελύκ**οιμεν**
2	λελύκ**οις**/-κ**οίης**	λελύκ**οιτε**
3	λελύκ**οι**/-κ**οίη**	λελύκ**οιεν**

Perf/Opt/Act(Periph.): PerfPart(Act) + εἰμί(Opt)

	S.	P.
1	λελυκὼς + εἴην	λελυκότες + εἶμεν/εἴημεν
2	λελυκὼς + εἴης	λελυκότες + εἶτε/εἴητε
3	λελυκὼς + εἴη	λελυκότες + εἶεν/εἴησαν

Perf/Opt/M+P(Periph.): PerfPart(M/P) + εἰμί(Opt)

	S.	P.
1	λελυμένος + εἴην	λελυμένοι + εἶμεν/εἴημεν
2	λελυμένος + εἴης	λελυμένοι + εἶτε/εἴητε
3	λελυμένος + εἴη	λελυμένοι + εἶεν/εἴησαν

VERBS: Perf/Impr/Act & M+P (of λύω)

Perf/Impr/Act(Periph.): PerfPart(Act)+ εἰμί(Impr)

	S.	P.
2	λελυκὼς + ἴσθι	λελυκότες + ἔστε
3	λελυκὼς + ἔστω	λελυκότες + ὄντων

Perf/Impr/M+P: PPV + ImprEnd(M/P)

	S.	P.
2	λέλυσο	λέλυσθε
3	λελύσθω	λελύσθων

VERBS: Perf/Inf/Act & M+P (of λύω)

Perf/Inf: PPIV+ InfEnd(Perf)

Act	λελυκ**έναι**

Perf/Inf: PPV + InfEnd(Perf)

M+P	λελύ**σθαι**

Perf/Ind/M+P(-μμαι): PPV + PrimEnd(M/P)

	S.	P.
1	γέγραμμαι	γεγπάμμεθα
2	γέγραψαι	γέγραφθε
3	γέγραπται	γεγραμμένοι εἰσί(ν)

Perf/Ind/M+P(-γμαι): PPV + PrimEnd(M/P)

	S.	P.
1	τέταγμαι	τετάγμεθα
2	τέταξαι	τέταχθε
3	τέτακται	τεταγμένοι εἰσί(ν)

Perf/Ind/M+P(-σμαι): PPV + PrimEnd(M/P)

	S.	P.
1	κεκέλευσμαι	κεκελεύσμεθα
2	κεκέλευσαι	κεκέλευσθε
3	κεκέλευσται	κεκελευσμένοι εἰσί(ν)

VERBS/Perfect-Consonant Stems: Plup(Past)/Ind/M+P

Plup/Ind/M+P(-μμαι): ε Aug+ PPV+ SecEnd(M/P)

	S.	P.
1	ἐγεγράμμην	ἐγεγράμμεθα
2	ἐγέγραψο	ἐγέγραφθε
3	ἐγέγραπτο	γεγραμμένοι ἦσαν

Plup/Ind/M+P(-γμαι): ε Aug + PPV + SecEnd(M/P)

	S.	P.
1	ἐτετάγμην	ἐτετάγμεθα
2	ἐτέταξο	ἐτέταχθε
3	ἐτέτακτο	τεταγμένοι ἦσαν

Plup/Ind/M+P(-σμαι): ε Aug + PPV + SecEnd(M/P)

	S.	P.
1	ἐκεκελεύσμην	ἐκεκελεύσμεθα
2	ἐκεκέλευσο	ἐκεκέλευσθε
3	ἐκεκέλευστο	κεκελευσμένοι ἦσαν

Perf/Impr/M+P(-μμαι): PPV + ImprEnd(M/P)

	S.	P.
2	γέγραψο	γέγραφθε
3	γεγράφθω	γεγράφθων

Perf/Impr/M+P(-γμαι): PPI + ImprEnd(M/P)

	S.	P.
2	τέταξο	τέταχθε
3	τετάχθω	τετάχθων

Perf/Impr/M+P(-σμαι): PPI + ImprEnd(M/P)

	S.	P.
2	κεκέλευσο	κεκέλευσθε
3	κεκελεύσθω	κεκελεύσθων

Perf/Inf(-μμαι): PPV + InfEnd(Perf)

| M+P | γεγράφ**θαι** |

Perf/Inf(-γμαι): PPV + InfEnd(Perf)

| M+P | τετάχ**θαι** |

Perf/Inf(-σμαι): PPV + InfEnd(Perf)

| M+P | κεκελεῦ**σθαι** |

VERBS: FutPerf/Ind/Act & M+P (of λύω)

FutPerf/Ind/Act(Periph.): PerfPart(Act) + ἔσομαι

	S.	P.
1	λελυκώς + ἔσομαι	λελυκότες + ἐσόμεθα
2	λελυκώς + ἔσῃ/ἔσει	λελυκότες + ἔσεσθε
3	λελυκώς + ἔσται	λελυκότες + ἔσονται

FutPerf/Ind/M+P: PPV + -σ + -ο/ε + PrimEnd(M/P)

	S.	P.
1	λελύσομαι	λελυσόμεθα
2	λελύσεσαι	λελύσεσθε
3	λελύσεται	λελύσονται

FutPerf/Ind/M+P(Periph.):PerfPart(M/P)+ἔσομαι

	S.	P.
1	λελυμένος + ἔσομαι	λελυμένοι + ἐσόμεθα
2	λελυμένος + ἔσῃ/ἔσει	λελυμένοι + ἔσεσθε
3	λελυμένος + ἔσται	λελυμένοι + ἔσονται

VERBS/-α Contracts: Pres(Prog)/Ind/Act & M+P
   (of τιμά-ω)

Pres/Ind/Act: PPI + o/ε + PrimEnd(Act)

	S.	P.
1	τιμῶ	τιμῶμεν
2	τιμᾷς	τιμᾶτε
3	τιμᾷ	τιμῶσι(ν)

Pres/Ind/M+P: PPI + o/ε + PrimEnd(M/P)

	S.	P.
1	τιμῶμαι	τιμώμεθα
2	τιμᾷ	τιμᾶσθε
3	τιμᾶται	τιμῶνται

VERBS/-α Contracts: Imp(PastProg)/Ind/Act & M+P
(of τιμά-ω)

Imp/Ind/Act: ε Aug + PPI + ο/ε + SecEnd(Act)

	S.	P.
1	ἐτίμων	ἐτιμῶμεν
2	ἐτίμας	ἐτιμᾶτε
3	ἐτίμα	ἐτίμων

Imp/Ind/M+P: ε Aug + PPI + ο/ε + SecEnd(M/P)

	S.	P.
1	ἐτιμώμην	ἐτιμώμεθα
2	ἐτιμῶ	ἐτιμᾶσθε
3	ἐτιμᾶτο	ἐτιμῶντο

VERBS/-α Contracts: Prog/Subj/Act & M+P
 (of τιμά-ω)

Prog/Subj/Act: PPI + Len TV + PrimEnd(Act)

	S.	P.
1	τιμῶ	τιμῶμεν
2	τιμᾷς	τιμᾶτε
3	τιμᾷ	τιμῶσι(ν)

Prog/Subj/M+P: PPI + Len TV + PrimEnd(M/P)

	S.	P.
1	τιμῶμαι	τιμώμεθα
2	τιμᾷ	τιμᾶσθε
3	τιμᾶται	τιμῶνται

VERBS/-α Contracts: Prog/Opt/Act & M+P
(of τιμά-ω)

Prog/Opt/Act: PPI + -ι/ιη + SecEnd(Act)

	S.	P.
1	τιμῷμι/τιμῴην	τιμῷμεν/-ῴημεν
2	τιμῷς/-ῴης	τιμῷτε/-ῴητε
3	τιμῷ/-ῴη	τιμῷεν/τιμῴησαν

Prog/Opt/M+P: PPI + -ι/ιη + SecEnd(M/P)

	S.	P.
1	τιμῴμην	τιμῴμεθα
2	τιμῷο	τιμῷσθε
3	τιμῷτο	τιμῷντο

VERBS/-α Contracts: Prog/Impr & Inf/Act & M+P
 (of τιμά-ω)

Prog/Impr/Act: PPI + o/ε + ImprEnd(Act)

	S.	P.
2	τίμα	τιμᾶτε
3	τιμάτω	τιμώντων

Prog/Impr/M+P: PPI + o/ε + ImprEnd(M/P)

	S.	P.
2	τιμῶ	τιμᾶσθε
3	τιμάσθω	τιμάσθων

Prog/Inf: PPI + InfEnd(Prog)

Act	τιμᾶν
M+P	τιμᾶσθαι

<u>VERBS/-α Contracts/Irregular:</u> Pres(Prog)&Imp(PastProg)/Ind/Act*

  (of ζά-ω)

<u>**Pres/Ind/**Act</u>: PPI + *o*/ε + PrimEnd(Act)

	S.	P.
1	ζῶ	ζῶμεν
2	ζῇς	ζῆτε
3	ζῇ	ζῶσι

<u>**Imp/Ind/**Act</u>: ε Aug + PPI + *o*/ε + SecEnd(Act)

	S.	P.
1	ἔζων	ἐζῶμεν
2	ἔζης	ἐζῆτε
3	ἔζη	ἔζων

* This is a small class of –α contract verbs whose endings show η where there is
normally an α.

VERBS/-α Contracts/Irregular: Prog/Impr & Inf/Act*

    (of ζά-ω)

Prog/Impr/Act: PPI + o/ε + ImprEnd(Act)

	S.	P.
2	ζῇ	ζῆτε
3	ζήτω	ζώντων

Prog/Inf: PPI + InfEnd(Prog)

Mid	ζῆν

---

* This is a small class of –α contract verbs whose endings show η where there is normally an α.

VERBS/-α Contracts/Irregular: Pres(Prog)&Imp(PastProg)/Ind/Mid*
(of χρά-ομαι)

Pres/Ind/Mid: PPI + ο/ε + PrimEnd(M/P)

	S.	P.
1	χρῶμαι	χρώμεθα
2	χρῇ	χρῆσθε
3	χρῆται	χρῶνται

Imp/Ind/Mid: ε Aug + PPI + ο/ε + SecEnd(M/P)

	S.	P.
1	ἐχρώμην	ἐχρώμεθα
2	ἐχρῶ	ἐχρῆσθε
3	ἐχρῆτο	ἐχρῶντο

* This is a small class of –α contract verbs whose endings show η where there is normally an α.

VERBS/-α Contracts/Irregular: Prog/Impr & Inf/Mid*
   (of χρά-ομαι)

Prog/Impr/Mid: PPI + o/ε + ImprEnd(M/P)

	S.	P.
2	χρῶ	χρῆσθε
3	χρήσθω	χρήσθων

Prog/Inf: PPI + InfEnd(Prog)

Act	χρῆσθαι

* This is a small class of –α contract verbs whose endings show η where there is normally an α.

VERBS/-ε Contracts: Pres(Prog)/Ind/Act & M+P
(of φιλέ-ω)

Pres/Ind/Act: PPI + o/ε + PrimEnd(Act)

	S.	P.
1	φιλῶ	φιλοῦμεν
2	φιλεῖς	φιλεῖτε
3	φιλεῖ	φιλοῦσι(ν)

Pres/Ind/M+P: PPI + o/ε + PrimEnd(M/P)

	S.	P.
1	φιλοῦμαι	φιλούμεθα
2	φιλῇ/φιλεῖ	φιλεῖσθε
3	φιλεῖται	φιλοῦνται

VERBS/-ε Contracts: Imp(PastProg)/Ind/Act & M+P
(of φιλέ-ω)

Imp/Ind/Act: ε Aug + PPI + o/ε + SecEnd(Act)

	S.	P.
1	ἐφίλουν	ἐφιλοῦμεν
2	ἐφίλεις	ἐφιλεῖτε
3	ἐφίλει	ἐφίλουν

Imp/Ind/M+P: ε Aug + PPI + o/ε + SecEnd(M/P)

	S.	P.
1	ἐφιλούμην	ἐφιλούμεθα
2	ἐφιλοῦ	ἐφιλεῖσθε
3	ἐφιλεῖτο	ἐφιλοῦντο

VERBS/-ε Contracts: Prog/Subj/Act & M+P
(of φιλέ-ω)

Prog/Subj/Act: PPI + Len TV + PrimEnd(Act)

	S.	P.
1	φιλῶ	φιλῶμεν
2	φιλῇς	φιλῆτε
3	φιλῇ	φιλῶσι(ν)

Prog/Subj/M+P: PPI + Len TV + PrimEnd(M/P)

	S.	P.
1	φιλῶμαι	φιλώμεθα
2	φιλῇ	φιλῆσθε
3	φιλῆται	φιλῶνται

VERBS/-ε Contracts: Prog/Opt/Act & M+P
   (of φιλέ-ω)

Prog/Opt/Act: PPI + -οι + SecEnd(Act)

	S.	P.
1	φιλοῖμι/φιλοίην	φιλοῖμεν/-οίημεν
2	φιλοῖς/-οίης	φιλοῖτε/-οίητε
3	φιλοῖ/-οίη	φιλοῖεν/φιλοίησαν

Prog/Opt/M+P: PPI + -οι + SecEnd(M/P)

	S.	P.
1	φιλοίμην	φιλοίμεθα
2	φιλοῖο	φιλοῖσθε
3	φιλοῖτο	φιλοῖντο

VERBS/-ε Contracts: Prog/Impr & Inf/Act & M+P
  (of φιλέ-ω)

Prog/Impr/Act: PPI + o/ε + ImprEnd(Act)

	S.	P.
2	φίλει	φιλεῖτε
3	φιλείτω	φιλούντων

Prog/Impr/M+P: PPI + o/ε + ImprEnd(M/P)

	S.	P.
2	φιλοῦ	φιλεῖσθε
3	φιλείσθω	φιλείσθων

Prog/Inf: PPI + InfEnd(Prog)

Act	φιλεῖν
M+P	φιλεῖσθαι

(of πλέ-ω)

Pres/Ind/Act: PPI + o/ε + PrimEnd(Act)

	S.	P.
1	πλέω	πλέομεν
2	πλεῖς	πλεῖτε
3	πλεῖ	πλέουσι

Imp/Ind/Act: ε Aug + PPI + o/ε + SecEnd(Act)

	S.	P.
1	ἔπλεον	ἐπλέομεν
2	ἔπλεις	ἐπλεῖτε
3	ἔπλει	ἔπλεον

---

* -ε contract verbs of two syllables do not contract ε with o or ω.

VERBS/-ε Contracts: Fut/Ind/Act & Mid*
 (of ἀγγελλέ-ω)

Fut/Ind/Act: PPI + o/ε + SecEnd(Act)

	S.	P.
1	ἀγγελῶ	ἀγγελοῦμεν
2	ἀγγελεῖς	ἀγγελεῖτε
3	ἀγγελεῖ	ἀγγελοῦσι(ν)

Fut/Ind/Mid: PPI + o/ε + SecEnd(M/P)

	S.	P.
1	ἀγγελοῦμαι	ἀγγελούμεθα
2	ἀγγελῇ/αγγελεῖ	ἀγγελεῖσθε
3	ἀγγελεῖται	ἀγγελοῦνται

* These are verbs whose second principal part ends in –εω, giving them a circumflex over the ultimate syllable which is their distinguishing characteristic. They frequently do not have the –σ normally found in the second principal part.

VERBS/-ε Contracts: Fut/Opt/Act & Mid*
(of ἀγγέλλω)

Fut/Opt/Act: PPI + -οι + SecEnd(Act)

	S.	P.
1	ἀγγελοῖμι/-οίην	ἀγγελοῖμεν/-οίημεν
2	ἀγγελοῖς/-οίης	ἀγγελοῖτε/-οίητε
3	ἀγγελοῖ/-οίη	ἀγγελοῖεν/-οίησαν

Fut/Opt/Mid: PPI + -οι + SecEnd(M/P)

	S.	P.
1	ἀγγελοίμην	ἀγγελοίμεθα
2	ἀγγελοῖο	ἀγγελοῖσθε
3	ἀγγελοῖτο	ἀγγελοῖντο

* These are verbs whose second principal part ends in –εω, giving them a circumflex over the ultimate syllable which is their distinguishing characteristic. They frequently do not have the –σ normally found in the second principal part.

VERBS/-o Contracts: Pres(Prog)/Ind/Act & M+P
(of δηλό-ω)

Pres/Ind/Act: PPI + o/ε + PrimEnd(Act)

	S.	P.
1	δηλῶ	δηλοῦμεν
2	δηλοῖς	δηλοῦτε
3	δηλοῖ	δηλοῦσι(ν)

Pres/Ind/M+P: PPI + o/ε + PrimEnd(M/P)

	S.	P.
1	δηλοῦμαι	δηλούμεθα
2	δηλοῖ	δηλοῦσθε
3	δηλοῦται	δηλοῦνται

VERBS/-o Contracts: Imp(PastProg)/Ind/Act & M+P
  (of δηλό-ω)

Imp/Ind/Act: ε Aug + PPI + o/ε + SecEnd(Act)

	S.	P.
1	ἐδήλουν	ἐδηλοῦμεν
2	ἐδήλους	ἐδηλοῦτε
3	ἐδήλου	ἐδήλουν

Imp/Ind/M+P: ε Aug + PPI + o/ε +SecEnd(M/P)

	S.	P.
1	ἐδηλούμην	ἐδηλούμεθα
2	ἐδηλοῦ	ἐδηλοῦσθε
3	ἐδηλοῦτο	ἐδηλοῦντο

VERBS/-o Contracts: Prog/Subj/Act & M+P
(of δηλό-ω)

Prog/Subj/Act: PPI + Len TV + PrimEnd(Act)

	S.	P.
1	δηλῶ	δηλῶμεν
2	δηλοῖς	δηλῶτε
3	δηλοῖ	δηλῶσι(ν)

Prog/Subj/M+P: PPI + Len TV + PrimEnd(M/P)

	S.	P.
1	δηλῶμαι	δηλώμεθα
2	δηλοῖ	δηλῶσθε
3	δηλῶται	δηλῶνται

VERBS/-o Contracts: Prog/Opt/Act & M+P
(of δηλό-ω)

Prog/Opt/Act: PPI + -οι + SecEnd(Act)

	S.	P.
1	δηλοῖμι/δηλοίην	δελοῖμεν/-οίημεν
2	δηλοῖς/-οίης	δηλοῖτε/-οίητε
3	δηλοῖ/-οίη	δηλοῖεν/δηλοίησαν

Prog/Opt/M+P: PPI + -οι + SecEnd(M/P)

	S.	P.
1	δηλοίμην	δηλοίμεθα
2	δηλοῖο	δηλοῖσθε
3	δηλοῖτο	δηλοῖντο

VERBS/-o Contracts: Prog/Impr & Inf/Act & M+P
(of δηλό-ω)

Prog/Impr/Act: PPI + ο/ε + ImprEnd(Act)

	S.	P.
2	δήλου	δηλοῦτε
3	δηλούτω	δηλούντων

Prog/Impr/M+P: PPI + ο/ε + ImprEnd(M/P)

	S.	P.
2	δηλοῦ	δηλοῦσθε
3	δηλούσθω	δηλούσθων

Prog/Inf: PPI + InfEnd(Prog)

Act	δηλοῦν
M+P	δηλοῦσθαι

-μι VERBS/Root Class/δίδωμι: Pres(Prog)/Ind/Act & M+P

Pres/Ind/Act: PPI + PrimEnd(Act)

	S.	P.
1	δίδωμι	δίδομεν
2	δίδως	δίδοτε
3	δίδωσι(ν)	διδόασι(ν)

Pres/Ind/M+P: PPI + PrimEnd(M/P)

	S.	P.
1	δίδομαι	διδόμεθα
2	δίδοσαι	δίδοσθε
3	δίδοται	δίδονται

Imp/Ind/Act: ε Aug + PPI + SecEnd(Act)

	S.	P.
1	ἐδίδουν	ἐδίδομεν
2	ἐδίδους	ἐδίδοτε
3	ἐδίδου	ἐδίδοσαν

Imp/Ind/M+P: ε Aug + PPI + SecEnd(M/P)

	S.	P.
1	ἐδιδόμην	ἐδιδόμεθα
2	ἐδίδοσο	ἐδίδοσθε
3	ἐδίδοτο	ἐδίδοντο

-μι VERBS/Root Class/δίδωμι: Prog/Subj/Act & M+P

Prog/Subj/Act: PPI + PrimEnd(Act)

	S.	P.
1	διδῶ	διδῶμεν
2	διδῷς	διδῶτε
3	διδῷ	διδῶσι(ν)

Prog/Subj/M+P: PPI + PrimEnd(M/P)

	S.	P.
1	διδῶμαι	διδώμεθα
2	διδῷ	διδῶσθε
3	διδῶται	διδῶνται

Prog/Opt/Act: PPI + -ι + SecEnd(Act)

	S.	P.
1	διδοίην	διδοῖμεν/-οίημεν
2	διδοίης	διδοῖτε/-οίητε
3	διδοίη	διδοῖεν/-οίησαν

Prog/Opt/M+P: PPI + -ι + SecEnd(M/P)

	S.	P.
1	διδοίμην	διδοίμεθα
2	διδοῖο	διδοῖσθε
3	διδοῖτο	διδοῖντο

Prog/Impr/Act: PPI + ImprEnd(Act)

	S.	P.
2	δίδου	δίδοτε
3	διδότω	διδόντων

Prog/Impr/M+P: PPI + ImprEnd(M/P)

	S.	P.
2	δίδοσο	δίδοσθε
3	διδόσθω	διδόσθων

Prog/Inf: PPI + InfEnd(NonTh)

Act	διδόναι
M+P	δίδοσθαι

-μι VERBS/Root Class/δίδωμι: Aor/Ind/Act & Mid

Aor/Ind/Act: PPIII + SecEnd(Act)

	S.	P.
1	ἔδωκα	ἔδομεν
2	ἔδωκας	ἔδοτε
3	ἔδωκε(ν)	ἔδοσαν

Aor/Ind/Mid: PPIII + SecEnd(M/P)

	S.	P.
1	ἐδόμην	ἐδόμεθα
2	ἔδου	ἔδοσθε
3	ἔδοτο	ἔδοντο

-μι VERBS/Root Class/δίδωμι: Aor/Subj/Act & Mid

Aor/Subj/Act: PPIII(-εAug) + PrimEnd(Act)

	S.	P.
1	δῶ	δῶμεν
2	δῷς	δῶτε
3	δῷ	δῶσι(ν)

Aor/Subj/Mid: PPIII(-εAug) + PrimEnd(M/P)

	S.	P.
1	δῶμαι	δώμεθα
2	δῷ	δῶσθε
3	δῶται	δῶνται

<u>-μι VERBS/Root Class/δίδωμι:</u> Aor/Opt/Act & Mid

<u>Aor/Opt/</u>Act: PPIII(-ε Aug) + -ι + SecEnd(Act)

	S.	P.
1	δοίην	δοῖμεν/-οίημεν
2	δοίης	δοῖτε/-οίητε
3	δοίη	δοῖεν/-οίησαν

<u>Aor/Opt/</u>Mid: PPIII(-ε Aug) + -ι + SecEnd(M/P)

	S.	P.
1	δοίμην	δοίμεθα
2	δοῖο	δοῖσθε
3	δοῖτο	δοῖντο

Aor/Impr/Act: PPIII(-ε Aug)+ ImprEnd(Act)

	S.	P.
2	δός	δότε
3	δότω	δόντων

Aor/Impr/Mid: PPIII(-ε Aug) + ImprEnd(M/P)

	S.	P.
2	δοῦ	δόσθε
3	δόσθω	δόσθων

Aor/Inf: PPIII(-ε Aug) + InfEnd(NonTh)

Act	δοῦναι
Mid	δόσθαι

Pres/Ind/Act: PPI + PrimEnd(Act)

	S.	P.
1	ἵστημι	ἵσταμεν
2	ἵστης	ἵστατε
3	ἵστησι(ν)	ἱστᾶσι(ν)

Pres/Ind/M+P: PPI + PrimEnd(M/P)

	S.	P.
1	ἵσταμαι	ἱστάμεθα
2	ἵστασαι	ἵστασθε
3	ἵσταται	ἵστανται

Imp/Ind/Act: ε Aug + PPI + SecEnd(Act)

	S.	P.
1	ἵστην	ἵσταμεν
2	ἵστης	ἵστατε
3	ἵστη	ἵστασαν

Imp/Ind/M+P: ε Aug + PPI + SecEnd(M/P)

	S.	P.
1	ἱστάμην	ἱστάμεθα
2	ἵστασο	ἵστασθε
3	ἵστατο	ἵσταντο

Prog/Subj/Act: PPI + PrimEnd(Act)

	S.	P.
1	ἱστῶ	ἱστῶμεν
2	ἱστῇς	ἱστῆτε
3	ἱστῇ	ἱστῶσι(ν)

Prog/Subj/M+P: PPI + PrimEnd(M/P)

	S.	P.
1	ἱστῶμαι	ἱστώμεθα
2	ἱστῇ	ἱστῆσθε
3	ἱστῆται	ἱστῶνται

Prog/Opt/Act: PPI + -ι + SecEnd(Act)

	S.	P.
1	ἱσταίην	ἱσταῖμεν/-αίημεν
2	ἱσταίης	ἱσταῖτε/-αίητε
3	ἱσταίη	ἱσταῖεν/-αίησαν

Prog/Opt/M+P: PPI + -ι + SecEnd(M/P)

	S.	P.
1	ἱσταίμην	ἱσταίμεθα
2	ἱσταῖο	ἱσταῖσθε
3	ἱσταῖτο	ἱσταῖντο

Prog/Impr/Act: PPI + ImprEnd(Act)

	S.	P.
2	ἵστη	ἵστατε
3	ἱστάτω	ἱστάντων

Prog/Impr/M+P: PPI + ImprEnd(M/P)

	S.	P.
2	ἵστασο	ἵστασθε
3	ἱστάσθω	ἱστάσθων

Prog/Inf: PPI + InfEnd(NonTh)

Act	ἱστάναι
M+P	ἵστασθαι

Aor/Ind/Act: PPIII + SecEnd(Act)

	S.	P.
1	ἔστην	ἔστημεν
2	ἔστης	ἔστητε
3	ἔστη	ἔστησαν

Aor/Subj/Act: PPIII(-εAug) + PrimEnd(Act)

	S.	P.
1	στῶ	στῶμεν
2	στῇς	στῆτε
3	στῇ	στῶσι(ν)

Aor/Opt/Act: PPIII(-ε Aug) + -ι + SecEnd(Act)

	S.	P.
1	σταίην	σταῖμεν/-αίημεν
2	σταίης	σταῖτε/-αίητε
3	σταίη	σταῖεν/-αίησαν

-μι VERBS/Root Class/ἵστημι: Aor/Impr & Inf/Act

Aor/Impr/Act: PPIII(-ε Aug) + ImprEnd(Act)

	S.	P.
2	στῆθι	στῆτε
3	στήτω	στάντων

Aor/Inf: PPIII(-ε Aug)+ InfEnd(NonTh)

Act	στῆναι

Perf/Ind/Act: PPIV + PrimEnd(Act)

	S.	P.
1	ἕστηκα	ἕσταμεν
2	ἕστηκας	ἕστατε
3	ἕστηκε(ν)	ἑστᾶσι(ν)

Plup/Ind/Act: ε Aug + PPIV + PrimEnd(Act)

	S.	P.
1	εἰστήκη	ἕσταμεν
2	εἰστήκης	ἕστατε
3	εἰστήκει(ν)	ἕστασαν

Perf/Subj/Act: PPIV + PrimEnd(Act)

	S.	P.
1	ἑστῶ	ἑστῶμεν
2	ἑστῇς	ἑστῆτε
3	ἑστῇ	ἑστῶσι(ν)

Perf/Opt/Act: PPIV + -ι + SecEnd(Act)

	S.	P.
1	ἑσταίην	ἑσταῖμεν/-αίημεν
2	ἑσταίης	εσταῖτε/-αίητε
3	ἑσταίη	εσταῖεν/-αίησαν

Perf/Impr/Act: PPIV + ImprEnd(Act)

	S.	P.
2	ἔσταθι	ἔστατε
3	ἑστάτω	ἑστάντων

Perf/Inf: PPIV + InfEnd(NonTh)

Act	ἑστάναι

Pres/Ind/Act: PPI + PrimEnd(Act)

	S.	P.
1	τίθημι	τίθεμεν
2	τίθης	τίθετε
3	τίθησι(ν)	τιθέασι(ν)

Pres/Ind/M+P: PPI + PrimEnd(M/P)

	S.	P.
1	τίθεμαι	τιθέμεθα
2	τίθεσαι	τίθεσθε
3	τίθεται	τίθενται

Imp/Ind/Act: ε Aug + PPI + SecEnd(Act)

	S.	P.
1	ἐτίθην	ἐτίθεμεν
2	ἐτίθεις	ἐτίθετε
3	ἐτίθει	ἐτίθεσαν

Imp/Ind/M+P: ε Aug + PPI + SecEnd(M/P)

	S.	P.
1	ἐτιθέμην	ἐτιθέμεθα
2	ἐτίθεσο	ἐτίθεσθε
3	ἐτίθετο	ἐτίθεντο

-μι VERBS/Root Class/τίθημι: Prog/Subj/Act & M+P

Prog/Subj/Act: PPI + PrimEnd(Act)

	S.	P.
1	τιθῶ	τιθῶμεν
2	τιθῇς	τιθῆτε
3	τιθῇ	τιθῶσι(ν)

Prog/Subj/M+P: PPI + PrimEnd(M/P)

	S.	P.
1	τιθῶμαι	τιθώμεθα
2	τιθῇ	τιθῆσθε
3	τιθῆται	τιθῶνται

Prog/Opt/Act: PPI + -ι + SecEnd(Act)

	S.	P.
1	τιθείην	τιθεῖμεν/-είημεν
2	τιθείης	τιθεῖτε/-είητε
3	τιθείη	τιθεῖεν/-είησαν

Prog/Opt/M+P: PPI + -ι/οι + SecEnd(M/P)

	S.	P.
1	τιθείμην	τιθείμεθα/-οίμεθα
2	τιθεῖο	τιθεῖσθε/-οῖσθε
3	τιθεῖτο/-οῖτο	τιθεῖντο/-οῖντο

-μι VERBS/Root Class/τίθημι: Prog/Impr/Act & M+P

Prog/Impr/Act: PPI + ImprEnd(Act)

	S.	P.
2	τίθει	τίθετε
3	τιθέτω	τιθέντων

Prog/Impr/M+P: PPI + ImprEnd(M/P)

	S.	P.
2	τίθεσο	τίθεσθε
3	τιθέσθω	τιθέσθων

<u>-μι VERBS/Root Class/τίθημι:</u> Prog/Inf/Act & M+P

<u>Prog/Inf</u>: PPI + InfEnd(NonTh)

Act	τιθέναι
M+P	τίθεσθαι

-μι VERBS/Root Class/τίθημι: Aor/Ind/Act & Mid

Aor/Ind/Act: PPIII + SecEnd(Act)

	S.	P.
1	ἔθηκα	ἔθεμεν
2	ἔθηκας	ἔθετε
3	ἔθηκε(ν)	ἔθεσαν

Aor/Ind/Mid: PPIII + SecEnd(M/P)

	S.	P.
1	ἐθέμην	ἐθέμεθα
2	ἔθου	ἔθεσθε
3	ἔθετο	ἔθεντο

Aor/Subj/Act: PPIII(-εAug) + PrimEnd(Act)

	S.	P.
1	θῶ	θῶμεν
2	θῇς	θῆτε
3	θῇ	θῶσι(ν)

Aor/Subj/Mid: PPIII(-εAug) + PrimEnd(M/P)

	S.	P.
1	θῶμαι	θώμεθα
2	θῇ	θῆσθε
3	θῆται	θῶνται

-μι VERBS/Root Class/τίθημι: Aor/Opt/Act & Mid

Aor/Opt/Act: PPIII(-ε Aug) + -ι + SecEnd(Act)

	S.	P.
1	θείην	θεῖμεν/-είημεν
2	θείης	θεῖτε/-είητε
3	θείη	θεῖεν/-είησαν

Aor/Opt/Mid: PPIII(-ε Aug) + -ι/οι + SecEnd(M/P)

	S.	P.
1	θείμην	θείμεθα/θοίμεθα
2	θεῖο	θεῖσθε/θοῖσθε
3	θεῖτο/θοῖτο	θεῖντο/θοῖντο

<u>-μι VERBS/Root Class/τίθημι:</u> Aor/Impr/Act & Mid

<u>Aor/Impr/Act</u>: PPIII(-ε Aug) + ImprEnd(Act)

	S.	P.
2	θές	θέτε
3	θέτω	θέντων

<u>Aor/Impr/Mid</u>: PPIII(-ε Aug) + ImprEnd(M/P)

	S.	P.
2	θοῦ	θέσθε
3	θέσθω	θέσθων

<u>-μι VERBS/Root Class/τίθημι:</u> Aor/Inf/Act & Mid

<u>**Aor/Inf**</u>: PPIII(-ε Aug) + InfEnd(NonTh)

Act	θεῖναι
Mid	θέσθαι

Pres/Ind/Act: PPI + PrimEnd(Act)

	S.	P.
1	δείκνυμι	δείκνυμεν
2	δείκνυς	δείκνυτε
3	δείκνυσι(ν)	δεικνύασι(ν)

Pres/Ind/M+P: PPI + PrimEnd(M/P)

	S.	P.
1	δείκνυμαι	δεικνύμεθα
2	δείκνυσαι	δείκνυσθε
3	δείκνυται	δείκνυνται

-μι VERBS/-νυ Class/δείκνυμι: Imp(PastProg)/Ind/Act& M+P

Imp/Ind/Act: ε Aug + PPI + SecEnd(Act)

	S.	P.
1	ἐδείκνυ**ν**	ἐδείκνυ**μεν**
2	ἐδείκνυ**ς**	ἐδείκνυ**τε**
3	ἐδείκνυ	ἐδείκνυ**σαν**

Imp/Ind/M+P: ε Aug + PPI + SecEnd(M/P)

	S.	P.
1	ἐδεικνύ**μην**	ἐδεικνύ**μεθα**
2	ἐδείκνυ**σο**	ἐδείκνυ**σθε**
3	ἐδείκνυ**το**	ἐδείκνυ**ντο**

-μι VERBS/-νυ Class/δείκνυμι: Prog/Subj/Act & M+P

Prog/Subj/Act: PPI + PrimEnd(Act)

	S.	P.
1	δεικνύω	δεικνύωμεν
2	δεικνύῃς	δεικνύητε
3	δεικνύῃ	δεικνύωσι(ν)

Prog/Subj/M+P: PPI + PrimEnd(M/P)

	S.	P.
1	δεικνύωμαι	δεικνυώμεθα
2	δεικνύῃ	δεικνύησθε
3	δεικνύηται	δεικνύωνται

-μι VERBS/-νυ Class/δείκνυμι: Prog/Opt/Act & M+P

Prog/Opt/Act: PPI + -οι + SecEnd(Act)

	S.	P.
1	δεικνύοιμι	δεικνύοιμεν
2	δεικνύοις	δεικνύοιτε
3	δεικνύοι	δεικνύοιεν

Prog/Opt/M+P: PPI + -οι + SecEnd(M/P)

	S.	P.
1	δεικνυοίμην	δεικνυοίμεθα
2	δεικνύοιο	δεικνύοισθε
3	δεικνύοιτο	δεικνύοιντο

Prog/Impr/Act: PPI + ImprEnd(Act)

	S.	P.
2	δείκνυ	δείκνυτε
3	δεικνύτω	δεικνύτων

Prog/Impr/M+P: PPI + ImprEnd(M/P)

	S.	P.
2	δείκνυσο	δείκνυσθε
3	δεικνύσθω	δεικνύσθων

Prog/Inf: PPI + InfEnd(NonTh)

Act	δεικνύ**ναι**
M+P	δείκνυ**σθαι**

VERBS/Irregular*/γιγνώσκω: 2 Aor/Ind & Subj & Opt/Act
(Root: γνω-/γνο-)

2 Aor/Ind/Act: PPIII + SecEnd(Act)

	S.		P.
1	ἔγνων		ἔγνωμεν
2	ἔγνως		ἔγνωτε
3	ἔγνω		ἔγνωσαν

2 Aor/Subj/Act: PPIII(-εAug) + Len PV + PrimEnd(Act)

	S.		P.
1	γνῶ		γνῶμεν
2	γνῷς		γνῶτε
3	γνῷ		γνῶσι(ν)

2 Aor/Opt/Act: PPIII(-ε Aug) + -ι + SecEnd(Act)

	S.		P.
1	γνοίην		γνοῖμεν/-οίημεν
2	γνοίης		γνοῖτε/-οίητε
3	γνοίη		γνοῖεν/-οίησαν

* Verbs in this section are only irregular in the forms given.

VERBS/Irregular*/γιγνώσκω: 2 Aor/Impr & Inf/Act
   (Root: γνω-/γνο-)

2 Aor/Impr/Act: PPIII(-ε Aug)+ ImprEnd(Act)

	S.	P.
2	γνῶθι	γνῶτε
3	γνώτω	γνόντων

2 Aor/Inf: PPIII(-ε Aug) + InfEnd(NonTh)

Act	γνῶναι

* Verbs in this section are only irregular in the forms given.

VERBS/Irregular*/φύω: 2 Aor/Ind & Subj & Opt/Act
(Root: φυ-)

2 Aor/Ind/Act: PPIII + SecEnd(Act)

	S.	P.
1	ἔφυν	ἔφυμεν
2	ἔφυς	ἔφυτε
3	ἔφυ	ἔφυσαν

2 Aor/Subj/Act: PPIII(-εAug) + Len TV + PrimEnd(Act)

	S.	P.
1	φύω	φύωμεν
2	φύῃς	φύητε
3	φύῃ	φύωσι(ν)

2 Aor/Opt/Act: PPIII(-ε Aug) + -ι + SecEnd(Act)

	S.	P.
1	φυίη	φυίμεν/-υίημεν
2	φυίης	φυίτε/-υίητε
3	φυίη	φυίεν/-υίησαν

* Verbs in this section are only irregular in the forms given.

VERBS/Irregular*/φύω: 2 Aor/Impr & Inf/Act
(Root: φυ-)

2 Aor/Impr/Act: PPIII(-ε Aug)+ ImprEnd(Act)

	S.	P.
2	φῦθι	φῦτε
3	φύτω	φύντων

2 Aor/Inf: PPIII(-ε Aug) + InfEnd(NonTh)

Act	φύναι

* Verbs in this section are only irregular in the forms given.

VERBS/Irregular*/οἶδα: Perf(Pres) & Plup(Past)/Ind/Act
(Root: οἰδ-/ἰδ-/εἰδ-ε)

Perf/Ind/Act: PPIV + PrimEnd(Act)

	S.	P.
1	οἶδα	ἴσμεν
2	οἶσθα	ἴστε
3	οἶδε(ν)	ἴσασι(ν)

Plup/Ind/Act: ε Aug + PPIV + SecEnd(Act)

	S.	P.
1	ᾔδη/ᾔδειν	ᾖσμεν/ᾔδεμεν
2	ᾔδησθα/ᾔδεις	ᾖστε/ᾔδετε
3	ᾔδει(ν)	ᾖσαν/ᾔδεσαν

* Verbs in this section are only irregular in the forms given.

VERBS/Irregular*/οἶδα: Perf/Subj & Opt/Act
(Root: οἰδ-/ἰδ-/εἰδ-ε)

Perf/Subj/Act: PPIV + Len TV + PrimEnd(Act)

	S.	P.
1	εἰδῶ	εἰδῶμεν
2	εἰδῇς	εἰδῆτε
3	εἰδῇ	εἰδῶσι(ν)

Perf/Opt/Act: PPIV + -ει + SecEnd(Act)

	S.	P.
1	εἰδείην	εἰδεῖμεν/-είημεν
2	εἰδείης	εἰδεῖτε/-είητε
3	εἰδείη	εἰδεῖεν/-είησαν

* Verbs in this section are only irregular in the forms given.

VERBS/Irregular*/οἶδα: Perf/Impr & Inf/Act
(Root: οἰδ-/ἰδ-/εἰδ-ε)

Perf/Impr/Act: PPIV+ ImprEnd(Act)

	S.	P.
2	ἴσθι	ἴστε
3	ἴστω	ἴστων

Perf/Inf: PPIV + InfEnd(Perf)

Act	εἰδέναι

* Verbs in this section are only irregular in the forms given.

VERBS/Irregular*/φημί: Pres(Prog) & Imp(Past)/Ind/Act
(Root: φη-/φα-)

Pres/Ind/Act: PPI + PrimEnd(Act)

	S.	P.
1	φημί	φαμέν
2	φής	φατέ
3	φησί(ν)	φασί(ν)

Imp/Ind/Act: ε Aug + PPI + SecEnd(Act)

	S.	P.
1	ἔφην	ἔφαμεν
2	ἔφης/ἔφησθα	ἔφατε
3	ἔφη	ἔφασαν

* Verbs in this section are only irregular in the forms given.

VERBS/Irregular*/φημί: Prog/Subj & Opt/Act
(Root: φη-/φα-)

Prog/Subj/Act: PPI + Len PV + PrimEnd(Act)

	S.	P.
1	φῶ	φῶμεν
2	φῇς	φῆτε
3	φῇ	φῶσι(ν)

Prog/Opt/Act: PPI + -ι + PrimEnd(Act)

	S.	P.
1	φαίην	φαῖμεν/-αίημεν
2	φαίης	φαῖτε/-αίητε
3	φαίη	φαῖεν/-αίησαν

* Verbs in this section are only irregular in the forms given.

VERBS/Irregular*/φημί: Prog/Impr & Inf/Act
(Root: φη-/φα-)

Prog/Impr/Act: PPI+ ImprEnd(Act)

	S.	P.
2	φάθι	φάτε
3	φάτω	φάντων

Prog/Inf: PPI + InfEnd(NonTh)

Act	φάναι

* Verbs in this section are only irregular in the forms given.

VERBS/Irregular*/δύναμαι: Pres(Prog)&Imp(Past)/Ind/Mid

(Root: δυνα-)

Pres/Ind/Mid: PPI + PrimEnd(M/P)

	S.	P.
1	δύναμαι	δυνάμεθα
2	δύνασαι	δύνασθε
3	δύναται	δύνανται

Imp/Ind/Mid: PPI + SecEnd(M/P)

	S.	P.
1	ἐδυνάμην	ἐδυνάμεθα
2	ἐδύνω	ἐδύνασθε
3	ἐδύνατο	ἐδύναντο

* Verbs in this section are only irregular in the forms given.

VERBS/Irregular*/δύναμαι: Prog/Subj & Opt/Mid
(Root: δυνα-)

Prog/Subj/Mid: PPI + Len PV + PrimEnd(M/P)

	S.	P.
1	δύνωμαι	δυνώμεθα
2	δύνῃ	δύνησθε
3	δύνηται	δύνωνται

Prog/Opt/Mid: PPI + -ι + PrimEnd(M/P)

	S.	P.
1	δυναίμην	δυναίμεθα
2	δύναιο	δύναισθε
3	δύναιτο	δύναιντο

* Verbs in this section are only irregular in the forms given.

VERBS/Irregular*/δύναμαι: Prog/Impr & Inf/Mid
(Root: δυνα-)

Prog/Impr/Mid: PPI+ ImprEnd(M/P)

	S.	P.
2	δύνασο	δύνασθε
3	δυνάσθω	δυνάσθων

Prog/Inf: PPI + InfEnd(NonTh)

Mid	δύνασθαι

* Verbs in this section are only irregular in the forms given.

VERBS/Irregular*/εἶμι(go): Pres(Prog)& Imp(Past)/Ind/Act
  (Root: εἰ-/ἰ-)

Pres/Ind/Act: PPI + PrimEnd(Act)

	S.	P.
1	εἶμι	ἴμεν
2	εἶ	ἴτε
3	εἶσι(ν)	ἴασι(ν)

Imp/Ind/Act: ε Aug + PPI + PrimEnd(Act)

	S.	P.
1	ᾖα/ᾖειν	ᾖμεν
2	ᾖεισθα/ᾖεις	ᾖτε
3	ᾖει(ν)	ᾖσαν/ᾖεσαν

* Verbs in this section are only irregular in the forms given.

VERBS/Irregular*/εἶμι(go): Prog/Subj & Opt/Act
(Root: εἰ-/ἰ-)

Prog/Subj/Act: PPI + Len TV + PrimEnd(Act)

	S.	P.
1	ἴω	ἴωμεν
2	ἴῃς	ἴητε
3	ἴῃ	ἴωσι(ν)

Prog/Opt/Act: PPI + -οι + SecEnd(Act)

	S.	P.
1	ἴοιμι/ἰοίην	ἴοιμεν
2	ἴοις	ἴοιτε
3	ἴοι	ἴοιεν

* Verbs in this section are only irregular in the forms given.

VERBS/Irregular*/εἶμι(go): Prog/Impr & Inf/Act
(Root: εἰ-/ἰ-)

Prog/Impr/Act: PPI+ ImprEnd(Act)

	S.	P.
2	ἴθι	ἴτε
3	ἴτω	ἰόντων

Prog/Inf: PPI + InfEnd(NonTh)

Act	ἰέναι

* Verbs in this section are only irregular in the forms given.

Pres/Ind/Act: PPI + PrimEnd(Act)

	S.	P.
1	εἰμί	ἐσμέν
2	εἶ	ἐστέ
3	ἐστί(ν)	εἰσί(ν)

Imp/Ind/Act: ε Aug + PPI + PrimEnd(Act)

	S.	P.
1	ἦ/ἤν	ἦμεν
2	ἦσθα	ἦτε
3	ἦν	ἦσαν

* Verbs in this section are only irregular in the forms given.

Prog/Subj/Act: PPI + Len TV + PrimEnd(Act)

	S.	P.
1	ὦ	ὦμεν
2	ᾖς	ἦτε
3	ᾖ	ὦσι(ν)

Prog/Opt/Act: PPI + -οι + SecEnd(Act)

	S.	P.
1	εἴην	εἶμεν/εἴημεν
2	εἴης	εἶτε/εἴητε
3	εἴη	εἶεν/εἴησαν

* Verbs in this section are only irregular in the forms given.

Prog/Impr/Act: PPI+ ImprEnd(Act)

	S.	P.
2	ἴσθι	ἔστε
3	ἔστω	ἔστων/ὄντων

Prog/Inf: PPI + InfEnd(NonTh)

Act	εἶναι

* Verbs in this section are only irregular in the forms given.

Fut/Ind/Act: PPII + PrimEnd(M/P)

	S.	P.
1	ἔσομαι	ἐσόμεθα
2	ἔσῃ/ἔσει	ἔσεσθε
3	ἔσται	ἔσονται

Fut/Inf: PPI + InfEnd(Fut)

Act	ἔσεσθαι

* Verbs in this section are only irregular in the forms given.

Pres(Prog) Ind	δεῖ	χρή
Imp(PastProg)	ἔδει	ἔχρην/χρῆν
Prog Subj	δέῃ/δῇ	χρῇ
Prog Opt	δέοι	χρείη
Prog Inf	δεῖν	χρῆναι
Prog Part	δέον -(Neut/Nom/S.)	χρέων -(Neut/Nom/S.)
Fut Ind	δεήσει	χρῆσται
Aor Ind	ἐδέησε(ν)	------

* Verbs in this section are only irregular in the forms given.

PARTICIPLES

PARTICIPLES: Pres(Prog)/Act (of λύω)

Pres(Prog)/Act: PPI + -o/ου + -ντ/σ + 3-1-3 AdjEnd

Singular

	M.	F.	N.
Nom.	λύων	λύουσα	λῦον
Gen.	λύοντος	λυούσης	λύοντος
Dat.	λύοντι	λυούσῃ	λύοντι
Acc.	λύοντα	λύουσαν	λῦον
Voc.	λύων	λύουσα	λῦον

Plural

	M.	F.	N.
Nom.	λύοντες	λύουσαι	λύοντα
Gen.	λυόντων	λυουσῶν	λυόντων
Dat.	λύουσι(ν)	λυούσαις	λύουσι(ν)
Acc.	λύοντας	λυούσας	λύοντα
Voc.	λύοντες	λύουσαι	λύοντα

PARTICIPLES: Pres(Prog)/M+P (of λύω)

Pres(Prog)/M+P: PPI + -ο + -μεν + 2-1-2 AdjEnd

Singular

	M.	F.	N.
Nom.	λυόμενος	λυομένη	λυόμενον
Gen.	λυομένου	λυομένης	λυομένου
Dat.	λυομένῳ	λυομένῃ	λυομένῳ
Acc.	λυόμενον	λυομένην	λυόμενον
Voc.	λυόμενε	λυομένη	λυόμενον

Plural

	M.	F.	N.
Nom.	λυόμενοι	λυόμεναι	λυόμενα
Gen.	λυομένων	λυομένων	λυομένων
Dat.	λυομένοις	λυομέναις	λυομένοις
Acc.	λυομένους	λυομένας	λυόμενα
Voc.	λυόμενοι	λυόμεναι	λυόμενα

PARTICIPLES: Fut/Act (of λύω)

Fut/Act: PPII + -o/ou + -ντ/σ + 3-1-3 AdjEnd

Singular

	M.	F.	N.
Nom.	λύσων	λύσουσα	λῦσον
Gen.	λύσοντος	λυσούσης	λύσοντος
Dat.	λύσοντι	λυσούσῃ	λύσοντι
Acc.	λύσοντα	λύσουσαν	λῦσον
Voc.	λύσων	λύσουσα	λῦσον

Plural

	M.	F.	N.
Nom.	λύσοντες	λύσουσαι	λύσοντα
Gen.	λυσόντων	λυσουσῶν	λυσόντων
Dat.	λύσουσι(ν)	λυσούσαις	λύσουσι(ν)
Acc.	λύσοντας	λυσούσας	λύσοντα
Voc.	λύσοντες	λύσουσαι	λύσοντα

PARTICIPLES: Fut/Mid (of λύω)

Fut/Mid: PPII + -o + -μεν + 2-1-2 AdjEnd

Singular

	M.	F.	N.
Nom.	λυσόμενος	λυσομένη	λυσόμενον
Gen.	λυσομένου	λυσομένης	λυσομένου
Dat.	λυσομένῳ	λυσομένῃ	λυσομένῳ
Acc.	λυσόμενον	λυσομένην	λυσόμενον
Voc.	λυσόμενε	λυσομένη	λυσόμενον

Plural

	M.	F.	N.
Nom.	λυσόμενοι	λυσόμεναι	λυσόμενα
Gen.	λυσομένων	λυσομένων	λυσομένων
Dat.	λυσομένοις	λυσομέναις	λυσομένοις
Acc.	λυσομένους	λυσομένας	λυσόμενα
Voc.	λυσόμενοι	λυσόμεναι	λυσόμενα

PARTICIPLES: Fut/Pass (of λύω)

Fut/Pass: PPVI(-ε Aug) + -ησ + -ο + -μεν + 2-1-2 AdjEnd

Singular

	M.	F.	N.
Nom.	λυθησόμενος	λυθησομένη	λυθησόμενον
Gen.	λυθησομένου	λυθησομένης	λυθησομένου
Dat.	λυθησομένῳ	λυθησομένῃ	λυθησομένῳ
Acc.	λυθησόμενον	λυθησομένην	λυθησόμενον
Voc.	λυθησόμενε	λυθησομένη	λυθησόμενον

Plural

	M.	F.	N.
Nom.	λυθησόμενοι	λυθησόμεναι	λυθησόμενα
Gen.	λυθησομένων	λυθησομένων	λυθησομένων
Dat.	λυθησομένοις	λυθησομέναις	λυθησομένοις
Acc.	λυθησομένους	λυθησομένας	λυθησόμενα
Voc.	λυθησόμενοι	λυθησόμεναι	λυθησόμενα

PARTICIPLES: 1 Aor/Act (of λύω)

<u>1 Aor/Act:</u> PPIII(-ε Aug) + -α + -ντ/-ασ + 3-1-3 AdjEnd

Singular

	M.	F.	N.
Nom.	λύσας	λύσασα	λῦσαν
Gen.	λύσαντος	λυσάσης	λύσαντος
Dat.	λύσαντι	λυσάσῃ	λύσαντι
Acc.	λύσαντα	λύσασαν	λῦσαν
Voc.	λύσας	λύσασα	λῦσαν

Plural

	M.	F.	N.
Nom.	λύσαντες	λύσασαι	λύσαντα
Gen.	λυσάντων	λυσασῶν	λυσάντων
Dat.	λύσασι(ν)	λυσάσαις	λύσασι(ν)
Acc.	λύσαντας	λυσάσας	λύσαντα
Voc.	λύσαντες	λύσασαι	λύσαντα

PARTICIPLES: 1 Aor/Mid (of λύω)

1 Aor/Mid: PPIII(-ε Aug) + -μεν + 2-1-2 AdjEnd

Singular

	M.	F.	N.
Nom.	λυσάμενος	λυσαμένη	λυσάμενον
Gen.	λυσαμένου	λυσαμένης	λυσαμένου
Dat.	λυσαμένῳ	λυσαμένῃ	λυσαμένῳ
Acc.	λυσάμενον	λυσαμένην	λυσάμενον
Voc.	λυσάμενε	λυσαμένη	λυσάμενον

Plural

	M.	F.	N.
Nom.	λυσάμενοι	λυσάμεναι	λυσάμενα
Gen.	λυσαμένων	λυσαμένων	λυσαμένων
Dat.	λυσαμένοις	λυσαμέναις	λυσαμένοις
Acc.	λυσαμένους	λυσαμένας	λυσάμενα
Voc.	λυσάμενοι	λυσάμεναι	λυσάμενα

PARTICIPLES: 2 Aor/Act (of λείπω)

2 Aor/Act: PPIII(-ε Aug) + -ο/ου + -ντ/σ + 3-1-3 AdjEnd

Singular

	M.	F.	N.
Nom.	λιπών	λιποῦσα	λιπόν
Gen.	λιπόντος	λιπούσης	λιπόντος
Dat.	λιπόντι	λιπούσῃ	λιπόντι
Acc.	λιπόντα	λιποῦσαν	λιπόν
Voc.	λιπών	λιποῦσα	λιπόν

Plural

	M.	F.	N.
Nom.	λιπόντες	λιποῦσαι	λιπόντα
Gen.	λιπόντων	λιπουσῶν	λιπόντων
Dat.	λιποῦσι(ν)	λιπούσαις	λιποῦσι(ν)
Acc.	λιπόντας	λιπούσας	λιπόντα
Voc.	λιπόντες	λιποῦσαι	λιπόντα

PARTICIPLES: 2 Aor/Mid (of λείπω)

2 Aor/Mid: PPIII(-ε Aug) + -ο + -μεν + 2-1-2 AdjEnd

Singular

	M.	F.	N.
Nom.	λιπόμενος	λιπομένη	λιπόμενον
Gen.	λιπομένου	λιπομένης	λιπομένου
Dat.	λιπομένῳ	λιπομένῃ	λιπομένῳ
Acc.	λιπόμενον	λιπομένην	λιπόμενον
Voc.	λιπόμενε	λιπομένη	λιπόμενον

Plural

	M.	F.	N.
Nom.	λιπόμενοι	λιπόμεναι	λιπόμενα
Gen.	λιπομένων	λιπομένων	λιπομένων
Dat.	λιπομένοις	λιπομέναις	λιπομένοις
Acc.	λιπομένους	λιπομένας	λιπόμενα
Voc.	λιπόμενοι	λιπόμεναι	λιπόμενα

PARTICIPLES: Aor/Pass (of λύω)

<u>Aor/Pass:</u> PPVI(-ε Aug) + ε/ει + -ντ/σ + 3-1-3 AdjEnd

Singular

	M.	F.	N.
Nom.	λυθείς	λυθεῖσα	λυθέν
Gen.	λυθέντος	λυθείσης	λυθέντος
Dat.	λυθέντι	λυθείσῃ	λυθέντι
Acc.	λυθέντα	λυθεῖσαν	λυθέν
Voc.	λυθείς	λυθεῖσα	λυθέν

Plural

	M.	F.	N.
Nom.	λυθέντες	λυθεῖσαι	λυθέντα
Gen.	λυθέντων	λυθεισῶν	λυθέντων
Dat.	λυθεῖσι(ν)	λυθείσαις	λυθεῖσι(ν)
Acc.	λυθέντας	λυθείσας	λυθέντα
Voc.	λυθέντες	λυθεῖσαι	λυθέντα

PARTICIPLES: Perf/Act (of λύω)

Perf/Act: PPIV + -o + -τ/(Len PV + σ) + 3-1-3 AdjEnd

Singular

	M.	F.	N.
Nom.	λελυκώς	λελυκυῖα	λελυκός
Gen.	λελυκότος	λελυκυίας	λελυκότος
Dat.	λελυκότι	λελυκυίᾳ	λελυκότι
Acc.	λελυκότα	λελυκυῖαν	λελυκός
Voc.	λελυκώς	λελυκυῖα	λελυκός

Plural

	M.	F.	N.
Nom.	λελυκότες	λελυκυῖαι	λελυκότα
Gen.	λελυκότων	λελυκυιῶν	λελυκότων
Dat.	λελυκόσι(ν)	λελυκυίαις	λελυκόσι(ν)
Acc.	λελυκότας	λελυκυίας	λελυκότα
Voc.	λελυκότες	λελυκυῖαι	λελυκότα

PARTICIPLES: Perf/M+P (of λύω)

Perf/M+P: PPIV + -μεν + 2-1-2 AdjEnd

Singular

	M.	F.	N.
Nom.	λελυμένος	λελυμένη	λελυμένον
Gen.	λελυμένου	λελυμένης	λελυμένου
Dat.	λελυμένῳ	λελυμένῃ	λελυμένῳ
Acc.	λελυμένον	λελυμένην	λελυμένον
Voc.	λελυμένε	λελυμένη	λελυμένον

Plural

	M.	F.	N.
Nom.	λελυμένοι	λελυμέναι	λελυμένα
Gen.	λελυμένων	λελυμένων	λελυμένων
Dat.	λελυμένοις	λελυμέναις	λελυμένοις
Acc.	λελυμένους	λελυμένας	λελυμένα
Voc.	λελυμένοι	λελυμέναι	λελυμένα

PARTICIPLES/-α Contracts: Pres(Prog)/Act (τῑμά-ω)

Pres(Prog)/Act: PPI + -ο + -ντ/σ + 3-1-3 AdjEnd

Singular

	M.	F.	N.
Nom.	τιμῶν	τιμῶσα	τιμῶν
Gen.	τιμῶντος	τιμώσης	τιμῶντος
Dat.	τιμῶντι	τιμώσῃ	τιμῶντι
Acc.	τιμῶντα	τιμῶσαν	τιμῶν
Voc.	τιμῶν	τιμῶσα	τιμῶν

Plural

	M.	F.	N.
Nom.	τιμῶντες	τιμῶσαι	τιμῶντα
Gen.	τιμώντων	τιμωσῶν	τιμώντων
Dat.	τιμῶσι(ν)	τιμώσαις	τιμῶσι(ν)
Acc.	τιμῶντας	τιμώσας	τιμῶντα
Voc.	τιμῶντες	τιμῶσαι	τιμῶντα

PARTICIPLES/-α Contracts: Pres(Prog)/M+P (τῑμά-ω)

Pres(Prog)/M+P: PPI + -ο + -μεν + 2-1-2 AdjEnd

Singular

	M.	F.	N.
Nom.	τιμώμενος	τιμωμένη	τιμώμενον
Gen.	τιμωμένου	τιμωμένης	τιμωμένου
Dat.	τιμωμένῳ	τιμωμένῃ	τιμωμένῳ
Acc.	τιμώμενον	τιμωμένην	τιμώμενον
Voc.	τιμώμενε	τιμωμένη	τιμώμενον

Plural

	M.	F.	N.
Nom.	τιμώμενοι	τιμώμεναι	τιμώμενα
Gen.	τιμωμένων	τιμωμένων	τιμωμένων
Dat.	τιμωμένοις	τιμωμέναις	τιμωμένοις
Acc.	τιμωμένους	τιμωμένας	τιμώμενα
Voc.	τιμώμενοι	τιμώμεναι	τιμώμενα

PARTICIPLES/-ε Contracts: Pres(Prog)/Act (φιλέ-ω)

<u>Pres(Prog)/Act</u>: PPI + -ο/ου + -ντ/σ + 3-1-3 AdjEnd

Singular

	M.	F.	N.
Nom.	φιλῶν	φιλοῦσα	φιλοῦν
Gen.	φιλοῦντος	φιλούσης	φιλοῦντος
Dat.	φιλοῦντι	φιλούσῃ	φιλοῦντι
Acc.	φιλοῦντα	φιλοῦσαν	φιλοῦν
Voc.	φιλῶν	φιλοῦσα	φιλοῦν

Plural

	M.	F.	N.
Nom.	φιλοῦντες	φιλοῦσαι	φιλοῦντα
Gen.	φιλούντων	φιλουσῶν	φιλούντων
Dat.	φιλοῦσι(ν)	φιλούσαις	φιλοῦσι(ν)
Acc.	φιλοῦντας	φιλούσας	φιλοῦντα
Voc.	φιλοῦντες	φιλοῦσαι	φιλοῦντα

PARTICIPLES/-ε Contracts: Pres(Prog)/M+P (φιλέ-ω)

Pres(Prog)/M+P: PPI + -ο + -μεν + 2-1-2 AdjEnd

Singular

	M.	F.	N.
Nom.	φιλούμενος	φιλουμένη	φιλούμενον
Gen.	φιλουμένου	φιλουμένης	φιλουμένου
Dat.	φιλουμένῳ	φιλουμένῃ	φιλουμένῳ
Acc.	φιλούμενον	φιλουμένην	φιλούμενον
Voc.	φιλούμενε	φιλουμένη	φιλούμενον

Plural

	M.	F.	N.
Nom.	φιλούμενοι	φιλούμεναι	φιλούμενα
Gen.	φιλουμένων	φιλουμένων	φιλουμένων
Dat.	φιλουμένοις	φιλουμέναις	φιλουμένοις
Acc.	φιλουμένους	φιλουμένας	φιλούμενα
Voc.	φιλούμενοι	φιλούμεναι	φιλούμενα

PARTICIPLES/-o Contracts: Pres(Prog)/Act (δηλό-ω)

Pres(Prog)/Act: PPI + -o + -ντ/σ + 3-1-3 AdjEnd

Singular

	M.	F.	N.
Nom.	δηλῶν	δηλοῦσα	δηλοῦν
Gen.	δηλοῦντος	δηλούσης	δηλοῦντος
Dat.	δηλοῦντι	δηλούσῃ	δηλοῦντι
Acc.	δηλοῦντα	δηλοῦσαν	δηλοῦν
Voc.	δηλῶν	δηλοῦσα	δηλοῦν

Plural

	M.	F.	N.
Nom.	δηλοῦντες	δηλοῦσαι	δηλοῦντα
Gen.	δηλούντων	δηλουσῶν	δηλούντων
Dat.	δηλοῦσι(ν)	δηλούσαις	δηλοῦσι(ν)
Acc.	δηλοῦντας	δηλούσας	δηλοῦντα
Voc.	δηλοῦντες	δηλοῦσαι	δηλοῦντα

PARTICIPLES/-o Contracts: Pres(Prog)/M+P (δηλό-ω)

Construction: PPI + -o + μεν + 2-1-2 AdjEnd

Singular

	M.	F.	N.
Nom.	δηλούμενος	δηλουμένη	δηλούμενον
Gen.	δηλουμένου	δηλουμένης	δηλουμένου
Dat.	δηλουμένῳ	δηλουμένῃ	δηλουμένῳ
Acc.	δηλούμενον	δηλουμένην	δηλούμενον
Voc.	δηλούμενε	δηλουμένη	δηλούμενον

Plural

	M.	F.	N.
Nom.	δηλούμενοι	δηλούμεναι	δηλούμενα
Gen.	δηλουμένων	δηλουμένων	δηλουμένων
Dat.	δηλουμένοις	δηλουμέναις	δηλουμένοις
Acc.	δηλουμένους	δηλουμένας	δηλούμενα
Voc.	δηλούμενοι	δηλούμεναι	δηλούμενα

<u>Pres(Prog)/Act</u>: PPI + -ντ/(Len PV + σ) + 3-1-3 AdjEnd

Singular

	M.	F.	N.
Nom.	διδούς	διδοῦσα	διδόν
Gen.	διδόντος	διδούσης	διδόντος
Dat.	διδόντι	διδούσῃ	διδόντι
Acc.	διδόντα	διδοῦσαν	διδόν
Voc.	διδούς	διδοῦσα	διδόν

Plural

	M.	F.	N.
Nom.	διδόντες	διδοῦσαι	διδόντα
Gen.	διδόντων	διδουσῶν	διδόντων
Dat.	διδοῦσι(ν)	διδούσαις	διδοῦσι(ν)
Acc.	διδόντας	διδούσας	διδόντα
Voc.	διδόντες	διδοῦσαι	διδόντα

Pres(Prog)/M+P: PPI + -μεν + 2-1-2 AdjEnd

Singular

	M.	F.	N.
Nom.	διδόμενος	διδομένη	διδόμενον
Gen.	διδομένου	διδομένης	διδομένου
Dat.	διδομένῳ	διδομένῃ	διδομένῳ
Acc.	διδόμενον	διδομένην	διδόμενον
Voc.	διδόμενε	διδομένη	διδόμενον

Plural

	M.	F.	N.
Nom.	διδόμενοι	διδόμεναι	διδόμενα
Gen.	διδομένων	διδομένων	διδομένων
Dat.	διδομένοις	διδομέναις	διδομένοις
Acc.	διδομένους	διδομένας	διδόμενα
Voc.	διδόμενοι	διδόμεναι	διδόμενα

PARTICIPLES/-μι Verbs/δίδωμι: Aor/Act

<u>Aor/Act</u>: PPIII(-ε Aug) + -ντ/(Len PV + σ) + 3-1-3 AdjEnd

Singular

	M.	F.	N.
Nom.	δούς	δοῦσα	δόν
Gen.	δόντος	δούσης	δόντος
Dat.	δόντι	δούσῃ	δόντι
Acc.	δόντα	δοῦσαν	δόν
Voc.	δούς	δοῦσα	δόν

Plural

	M.	F.	N.
Nom.	δόντες	δοῦσαι	δόντα
Gen.	δόντων	δουσῶν	δόντων
Dat.	δοῦσι(ν)	δούσαις	δοῦσι(ν)
Acc.	δόντας	δούσας	δόντα
Voc.	δόντες	δοῦσαι	δόντα

<u>Aor/Mid</u>: PPIII(-ε Aug) + -μεν + 2-1-2 AdjEnd

Singular

	M.	F.	N.
Nom.	δόμενος	δομένη	δόμενον
Gen.	δομένου	δομένης	δομένου
Dat.	δομένῳ	δομένῃ	δομένῳ
Acc.	δόμενον	δομένην	δόμενον
Voc.	δόμενε	δομένη	δόμενον

Plural

	M.	F.	N.
Nom.	δόμενοι	δόμεναι	δόμενα
Gen.	δομένων	δομένων	δομένων
Dat.	δομένοις	δομέναις	δομένοις
Acc.	δομένους	δομένας	δόμενα
Voc.	δόμενοι	δόμεναι	δόμενα

PARTICIPLES/-μι Verbs/ἵστημι: Pres(Prog)/Act

Pres(Prog)/Act: PPI + -ντ/(Len PV + σ) + 3-1-3 AdjEnd

Singular

	M.	F.	N.
Nom.	ἱστάς	ἱστᾶσα	ἱστάν
Gen.	ἱστάντος	ἱστάσης	ἱστάντος
Dat.	ἱστάντι	ἱστάσῃ	ἱστάντι
Acc.	ἱστάντα	ἱστᾶσαν	ἱστάν
Voc.	ἱστάς	ἱστᾶσα	ἱστάν

Plural

	M.	F.	N.
Nom.	ἱστάντες	ἱστᾶσαι	ἱστάντα
Gen.	ἱστάντων	ἱστασῶν	ἱστάντων
Dat.	ἱστᾶσι(ν)	ἱστάσαις	ἱστᾶσι(ν)
Acc.	ἱστάντας	ἱστάσας	ἱστάντα
Voc.	ἱστάντες	ἱστᾶσαι	ἱστάντα

<u>Pres(Prog)/M+P</u>: PPI + -μεν + 2-1-2 AdjEnd

Singular

	M.	F.	N.
Nom.	ἱστάμενος	ἱσταμένη	ἱστάμενον
Gen.	ἱσταμένου	ἱσταμένης	ἱσταμένου
Dat.	ἱσταμένῳ	ἱσταμένῃ	ἱσταμένῳ
Acc.	ἱστάμενον	ἱσταμένην	ἱστάμενον
Voc.	ἱστάμενε	ἱσταμένη	ἱστάμενον

Plural

	M.	F.	N.
Nom.	ἱστάμενοι	ἱσταμεναι	ἱστάμενα
Gen.	ἱσταμένων	ἱσταμένων	ἱσταμένων
Dat.	ἱσταμένοις	ἱσταμέναις	ἱσταμένοις
Acc.	ἱσταμένους	ἱσταμένας	ἱστάμενα
Voc.	ἱστάμενοι	ἱσταμεναι	ἱστάμενα

<u>Aor/Act</u>: PPIII(-ε Aug)+ -ντ/(Len PV + σ) + 3-1-3 AdjEnd

Singular

	M.	F.	N.
Nom.	στάς	στᾶσα	στάν
Gen.	στάντος	στάσης	στάντος
Dat.	στάντι	στάσῃ	στάντι
Acc.	στάντα	στᾶσαν	στάν
Voc.	στάς	στᾶσα	στάν

Plural

	M.	F.	N.
Nom.	στάντες	στᾶσαι	στάντα
Gen.	στάντων	στασῶν	στάντων
Dat.	στᾶσι(ν)	στάσαις	στᾶσι(ν)
Acc.	στάντας	στάσας	στάντα
Voc.	στάντες	στᾶσαι	στάντα

PARTICIPLES/-μι Verbs/ἵστημι: Perf/Act

<u>Perf/Act</u>: PPIV + -οτ + 3-1-3 AdjEnd

Singular

	M.	F.	N.
Nom.	ἑστώς	ἑστῶσα	ἑστός
Gen.	ἑστῶτος	ἑστώσης	ἑστῶτος
Dat.	ἑστῶτι	ἑστώσῃ	ἑστῶτι
Acc.	ἑστῶτα	ἑστῶσαν	ἑστός
Voc.	ἑστώς	ἑστῶσα	ἑστός

Plural

	M.	F.	N.
Nom.	ἑστῶτες	ἑστῶσαι	ἑστῶτα
Gen.	ἑστώτων	ἑστωσῶν	ἑστώτων
Dat.	ἑστῶσι(ν)	ἑστώσαις	ἑστῶσι(ν)
Acc.	ἑστῶτας	ἑστώσας	ἑστῶτα
Voc.	ἑστῶτες	ἑστῶσαι	ἑστῶτα

Pres(Prog)/Act: PPI + -ντ/(Len PV + σ) + 3-1-3 AdjEnd

Singular

	M.	F.	N.
Nom.	τιθείς	τιθεῖσα	τιθέν
Gen.	τιθέντος	τιθείσης	τιθέντος
Dat.	τιθέντι	τιθείσῃ	τιθέντι
Acc.	τιθέντα	τιθεῖσαν	τιθέν
Voc.	τιθείς	τιθεῖσα	τιθέν

Plural

	M.	F.	N.
Nom.	τιθέντες	τιθεῖσαι	τιθέντα
Gen.	τιθέντων	τιθεισῶν	τιθέντων
Dat.	τιθεῖσι(ν)	τιθείσαις	τιθεῖσι(ν)
Acc.	τιθέντας	τιθείσας	τιθέντα
Voc.	τιθέντες	τιθεῖσαι	τιθέντα

PARTICIPLES/-μι Verbs/τίθημι: Pres(Prog)/M+P

Pres(Prog)/M+P: PPI + -μεν + 2-1-2 AdjEnd

Singular

	M.	F.	N.
Nom.	τιθέμενος	τιθεμένη	τιθέμενον
Gen.	τιθεμένου	τιθεμένης	τιθεμένου
Dat.	τιθεμένῳ	τιθεμένῃ	τιθεμένῳ
Acc.	τιθέμενον	τιθεμένην	τιθέμενον
Voc.	τιθέμενε	τιθεμένη	τιθέμενον

Plural

	M.	F.	N.
Nom.	τιθέμενοι	τιθέμεναι	τιθέμενα
Gen.	τιθεμένων	τιθεμένων	τιθεμένων
Dat.	τιθεμένοις	τιθεμέναις	τιθεμένοις
Acc.	τιθεμένους	τιθεμένας	τιθέμενα
Voc.	τιθέμενοι	τιθέμεναι	τιθέμενα

PARTICIPLES/-μι Verbs/τίθημι: Aor/Act

Aor/Act: PPIII(-ε Aug) + -ντ/(Len PV + σ) + 3-1-3 AdjEnd

Singular

	M.	F.	N.
Nom.	θείς	θεῖσα	θέν
Gen.	θέντος	θείσης	θέντος
Dat.	θέντι	θείσῃ	θέντι
Acc.	θέντα	θεῖσαν	θέν
Voc.	θείς	θεῖσα	θέν

Plural

	M.	F.	N.
Nom.	θέντες	θεῖσαι	θέντα
Gen.	θέντων	θεισῶν	θέντων
Dat.	θεῖσι(ν)	θείσαις	θεῖσι(ν)
Acc.	θέντας	θείσας	θέντα
Voc.	θέντες	θεῖσαι	θέντα

PARTICIPLES/-μι Verbs/τίθημι: Aor/Mid

Aor/Mid: PPIII(-ε Aug) + -μεν + 2-1-2 AdjEnd

Singular

	M.	F.	N.
Nom.	θέμενος	θεμένη	θέμενον
Gen.	θεμένου	θεμένης	θεμένου
Dat.	θεμένῳ	θεμένη	θεμένῳ
Acc.	θέμενον	θεμένην	θέμενον
Voc.	θέμενε	θεμένη	θέμενον

Plural

	M.	F.	N.
Nom.	θέμενοι	θέμεναι	θέμενα
Gen.	θεμένων	θεμένων	θεμένων
Dat.	θεμένοις	θεμέναις	θεμένοις
Acc.	θεμένους	θεμένας	θέμενα
Voc.	θέμενοι	θέμεναι	θέμενα

Pres(Prog)/Act: PPI + -ντ + 3-1-3 AdjEnd

Singular

	M.	F.	N.
Nom.	δεικνύς	δεικνῦσα	δεικνύν
Gen.	δεικνύντος	δεικνύσης	δεικνύντος
Dat.	δεικνύντι	δεικνύσῃ	δεικνύντι
Acc.	δεικνύντα	δεικνῦσαν	δεικνύν
Voc.	δεικνύς	δεικνῦσα	δεικνύν

Plural

	M.	F.	N.
Nom.	δεικνύντες	δεικνῦσαι	δεικνύντα
Gen.	δεικνύντων	δεικνυςῶν	δεικνύντων
Dat.	δεικνῦσι(ν)	δεικνύσαις	δεικνῦσι(ν)
Acc.	δεικνύντας	δεικνύσας	δεικνύντα
Voc.	δεικνύντες	δεικνῦσαι	δεικνύντα

PARTICIPLES/-μι Verbs/δείκνυμι: Pres(Prog)/M+P

<u>Pres(Prog)/M+P</u>: PPI + -μεν + 2-1-2 AdjEnd

Singular

	M.	F.	N.
Nom.	δεικνύμενος	δεικνυμένη	δεικνύμενον
Gen.	δεικνυμένου	δεικνυμένης	δεικνυμένου
Dat.	δεικνυμένῳ	δεικνυμένῃ	δεικνυμένῳ
Acc.	δεικνύμενον	δεικνυμένην	δεικνύμενον
Voc.	δεικνύμενος	δεικνυμένη	δεικνύμενον

Plural

	M.	F.	N.
Nom.	δεικνύμενοι	δεικνύμεναι	δεικνύμενα
Gen.	δεικνυμένων	δεικνυμένων	δεικνυμένων
Dat.	δεικνυμένοις	δεικνυμέναις	δεικνυμένοις
Acc.	δεικνυμένους	δεικνυμένας	δεικνύμενα
Voc.	δεικνύμενοι	δεικνύμεναι	δεικνύμενα

PARTICIPLES/Irregular Verbs/γιγνώσκω: Aor/Act
(Root: γνω-/γνο-)

<u>Aor/Act</u>: PPIII(-ε Aug) + -ντ/(Len PV + σ) + 3-1-3 AdjEnd

Singular

	M.	F.	N.
Nom.	γνούς	γνοῦσα	γνόν
Gen.	γνόντος	γνούσης	γνόντος
Dat.	γνόντι	γνούσῃ	γνόντι
Acc.	γνόντα	γνοῦσαν	γνόν
Voc.	γνούς	γνοῦσα	γνόν

Plural

	M.	F.	N.
Nom.	γνόντες	γνοῦσαι	γνόντα
Gen.	γνόντων	γνουσῶν	γνόντων
Dat.	γνοῦσι(ν)	γνούσαις	γνοῦσι(ν)
Acc.	γνόντας	γνούσας	γνόντα
Voc.	γνόντες	γνοῦσαι	γνόντα

* The paradigms in this section are the participial forms of verbs that have irregular forms. Most of these participle paradigms are fairly regular with the most variation in the masculine nominative singular.

PARTICIPLES/Irregular Verbs/φύω: Aor/Act

(Root: φυ-)

Aor/Act: PPIII(-ε Aug) + -ντ/(Len PV + σ) + 3-1-3 AdjEnd

Singular

	M.	F.	N.
Nom.	φύς	φῦσα	φύν
Gen.	φύντος	φύσης	φύντος
Dat.	φύντι	φύσῃ	φύντι
Acc.	φύντα	φῦσαν	φύν
Voc.	φύς	φῦσα	φύν

Plural

	M.	F.	N.
Nom.	φύντες	φῦσαι	φύντα
Gen.	φύντων	φυσῶν	φύντων
Dat.	φῦσι(ν)	φύσαις	φῦσι(ν)
Acc.	φύντας	φύσας	φύντα
Voc.	φύντες	φῦσαι	φύντα

* The paradigms in this section are the participial forms of verbs that have irregular
forms. Most of these participle paradigms are fairly regular with the most variation in the
masculine nominative singular.

PARTICIPLES/Irregular Verbs/οἶδα: Perf/Act

(Root: οἰδ-/ἰδ-/εἰδ-ε)

<u>Perf/Act</u>: PPIV + -o + -τ/(Len PV + σ) + 3-1-3 AdjEnd

Singular

	M.	F.	N.
Nom.	εἰδώς	εἰδυῖα	εἰδός
Gen.	εἰδότος	εἰδυίας	εἰδότος
Dat.	εἰδότι	εἰδυίᾳ	εἰδότι
Acc.	εἰδότα	εἰδυῖαν	εἰδός
Voc.	εἰδώς	εἰδυῖα	εἰδός

Plural

	M.	F.	N.
Nom.	εἰδότες	εἰδυῖαι	εἰδότα
Gen.	εἰδότων	εἰδυιῶν	εἰδότων
Dat.	εἰδόσι(ν)	εἰδυίαις	εἰδόσι(ν)
Acc.	εἰδότας	εἰδυίας	εἰδότα
Voc.	εἰδότες	εἰδυῖαι	εἰδότα

* The paradigms in this section are the participial forms of verbs that have irregular forms. Most of these participle paradigms are fairly regular with the most variation in the masculine nominative singular.

PARTICIPLES/Irregular Verbs/φημί: Pres(Prog)/Act

(Root: φη-/φα-)

Pres(Prog)/Act: PPI + -ντ/(Len PV + σ) + 3-1-3 AdjEnd

Singular

	M.	F.	N.
Nom.	φάς	φᾶσα	φάν
Gen.	φάντος	φάσης	φάντος
Dat.	φάντι	φάσῃ	φάντι
Acc.	φάντα	φᾶσαν	φάν
Voc.	φάς	φᾶσα	φάν

Plural

	M.	F.	N.
Nom.	φάντες	φᾶσαι	φάντα
Gen.	φάντων	φασῶν	φάντων
Dat.	φᾶσι(ν)	φάσαις	φᾶσι(ν)
Acc.	φάντας	φάσας	φάντα
Voc.	φάντες	φᾶσαι	φάντα

* The paradigms in this section are the participial forms of verbs that have irregular forms. Most of these participle paradigms are fairly regular with the most variation in the masculine nominative singular.

PARTICIPLES/Irregular Verbs/δύναμαι: Pres(Prog)/Mid
(Root: δυνα-)

<u>Pres(Prog)/Mid</u>: PPI + -μεν + 2-1-2 AdjEnd

Singular

	M.	F.	N.
Nom.	δυνάμενος	δυναμένη	δυνάμενον
Gen.	δυναμένου	δυναμένης	δυναμένου
Dat.	δυναμένῳ	δυναμένῃ	δυναμένῳ
Acc.	δυνάμενον	δυναμένην	δυνάμενον
Voc.	δυνάμενος	δυναμένη	δυνάμενον

Plural

	M.	F.	N.
Nom.	δυνάμενοι	δυνάμεναι	δυνάμενα
Gen.	δυναμένων	δυναμένων	δυναμένων
Dat.	δυναμένοις	δυναμέναις	δυναμένοις
Acc.	δυναμένους	δυναμένας	δυνάμενα
Voc.	δυνάμενοι	δυνάμεναι	δυνάμενα

* The paradigms in this section are the participial forms of verbs that have irregular forms. Most of these participle paradigms are fairly regular with the most variation in the masculine nominative singular.

(Root: εἰ-/ἰ-)

Pres(Prog)/Act: PPI + -o + -ντ/(Len PV + σ) + 3-1-3 AdjEnd

Singular

	M.	F.	N.
Nom.	ἰών	ἰοῦσα	ἰόν
Gen.	ἰόντος	ἰούσης	ἰόντος
Dat.	ἰόντι	ἰούσῃ	ἰόντι
Acc.	ἰόντα	ἰοῦσαν	ἰόν
Voc.	ἰών	ἰοῦσα	ἰόν

Plural

	M.	F.	N.
Nom.	ἰόντες	ἰοῦσαι	ἰόντα
Gen.	ἰόντων	ἰουσῶν	ἰόντων
Dat.	ἰοῦσι(ν)	ἰούσαις	ἰοῦσι(ν)
Acc.	ἰόντας	ἰούσας	ἰόντα
Voc.	ἰόντες	ἰοῦσαι	ἰόντα

* The paradigms in this section are the participial forms of verbs that have irregular forms. Most of these participle paradigms are fairly regular with the most variation in the masculine nominative singular.

PARTICIPLES/Irregular Verbs/εἰμί(be): Pres(Prog)/Act

<u>Pres(Prog)/Act:</u> -o + -ντ/(Len PV + σ) + 3-1-3 AdjEnd

Singular

	M.	F.	N.
Nom.	ὤν	οὖσα	ὄν
Gen.	ὄντος	οὔσης	ὄντος
Dat.	ὄντι	οὔσῃ	ὄντι
Acc.	ὄντα	οὖσαν	ὄν
Voc.	ὤν	οὖσα	ὄν

Plural

	M.	F.	N.
Nom.	ὄντες	οὖσαι	ὄντα
Gen.	ὄντων	οὐσῶν	ὄντων
Dat.	οὖσι(ν)	οὔσαις	οὖσι(ν)
Acc.	ὄντας	οὔσας	ὄντα
Voc.	ὄντες	οὖσαι	ὄντα

* The paradigms in this section are the participial forms of verbs that have irregular forms. Most of these participle paradigms are fairly regular with the most variation in the masculine nominative singular.

APPENDIX

DUAL/Nouns and Adjectives: Endings & Examples

Dual Noun and Adjective Endings:

	1st Declension	2nd Declension	3rd Declension
Nom./Acc./Voc.	-ᾱ	-ω	-ε
Gen./Dat.	-αιν	-οιν	-οιν

Dual Noun Examples/1st Declension:

	Feminine	Masculine
Nom./Acc./Voc.	τέκνᾱ	νεᾱνίᾱ
Gen./Dat.	τέκναιν	νεᾱνίαιν

Dual Noun Examples/2nd Declension:

	Masculine	Feminine	Neuter
Nom./Acc./Voc.	λόγω	ὁδώ	ἔργω
Gen./Dat.	λόγοιν	ὁδοῖν	ἔργοιν

Dual Noun Examples/3rd Declension:

	Masculine	Feminine	Neuter
Nom./Acc./Voc.	φύλακε	ἐλπίδε	σώματε
Gen./Dat.	φυλάκοιν	ἐλπιδοιν	σωμάτοιν

DUAL/Article & Pronouns:

Dual Article and Pronouns:

	Nom./Acc./Voc.	Gen./Dat.
Article	τώ	τοῖν
1st Person Pronoun	νώ	νῷν
2nd Person Pronoun	σφώ	σφῷν
Demonstrative	τούτω	τούτοιν
	ἐκείνω	ἐκείνοιν
	τώδε	τοῖνδε
Interrogative	τίνε	τίνοιν
Indefinte	τινέ	τινοῖν
Relative	ὥ	οἷν
Indefinte Relative	ὥτινε	οἷντινοιν

DUAL/Verbs: Endings & εἰμί

Dual Verb Endings:

	Primary Endings		Secondary Endings		Imperative Endings	
	Act	M/P	Act	M/P	Act	M/P
2	-τον	-σθον	-τον	-σθον	-τον	-σθον
3	-τον	-σθον	-την	-σθην	-των	-σθων

Dual/εἰμί :

	2	3
Pres(Prog)	ἐστόν	ἐστόν
Imp(PastProg)	ἦστον	ἤστην
Subj	ἦτον	ἦτον
Opt	εἶτον/εἴητον	εἴτην/εἰήτην
Impr	ἔστον	ἔστων

Dual Verbs/λύω Examples:

Pres/Ind/Act/ 2+3/Dual	λύετον
Pres/Ind/M+P/ 2+3/Dual	λύεσθον
Prog/Subj/Act/ 2+3/Dual	λύητον
Aor/Subj/Mid/ 2+3/Dual	λύσησθον
Fut/Opt/Act 2/Dual	λύσοιτον
Fut/Opt/Pass/ 3/Dual	λυθησοίσθην
Prog/Imp/Act/ 3/Dual	λῡέτων
Aor/Impr/Mid/ 3/Dual	λῡσάσθων

PRINCIPAL PARTS OF VERBS:

Prog. Act. I	Future Act. II	III	IV	V	VI
ἀγγέλλω	ἀγγελῶ	ἤγγειλα	ἤγγελκα	ἤγγελμαι	ἠγγέλθην
ἄγω	ἄξω	ἤγαγον	ἦχα	ἦγμαι	ἤχθην
ἀδικέω	ἀδικήσω	ἠδίκησα	ἠδίκηκα	ἠδίκημαι	ἠδικήθην
αἱρέω	αἱρήσω	εἷλον	ᾕρηκα	ᾕρημαι	ᾑρέθην
αἰσθάνομαι	αἰσθήσομαι	ᾐσθόμην	----	ᾔσθημαι	----
αἰσχύνομαι	αἰσχυνοῦμαι	----	----	ᾔσχυμμαι	ᾐσχύνθην
ἀκούω	ἀκούσομαι	ἤκουσα	ἀκήκοα	----	ἠκούσθην
ἁμαρτάνω	ἁμαρτήσομαι	ἥμαρτον	ἡμάρτηκα	ἡμάρτημαι	ἡμαρτήθην
ἀξιόω	ἀξιώσω	ἠξίωσα	ἠξίωκα	ἠξίωμαι	ἠξιώθην
ἀποθνῄσκω	ἀποθανοῦμαι	ἀπέθανον	τέθνηκα	----	----
ἀποκρίνομαι	ἀποκρινοῦμαι	ἀπεκρινάμην	----	ἀποκέκριμαι	----
ἀποκτείνω	ἀποκτενῶ	ἀπέκτεινα	ἀπέκτονα	----	----
ἀπόλλυμι	ἀπολῶ	ἀπώλεσα / ἀπωλόμην	ἀπολώλεκα / ἀπόλωλα	----	----

* Hyphenated forms of the Principal Parts appear only in compounds.

PRINCIPAL PARTS OF VERBS:

I	II	III	IV	V	VI
ἄρχω	ἄρξω	ἦρξα	ἦρχα	ἦργμαι	ἤρχθην
ἀφικνέομαι	ἀφίξομαι	ἀφικόμην	-----	ἀφῖγμαι	-----
βαίνω	-βήσομαι	-ἔβην	βέβηκα	-----	-----
βάλλω	βαλῶ	ἔβαλον	βέβληκα	βέβλημαι	ἐβλήθην
βλάπτω	βλάψω	ἔβλαψα	βέβλαφα	βέβλαμμαι	ἐβλάβην / ἐβλάφθην
βουλεύω	βουλεύσω	ἐβούλευσα	βεβούλευκα	βεβούλευμαι	ἐβουλεύθην
βούλομαι	βουλήσομαι	-----	-----	βεβούλημαι	ἐβουλήθην
γίγνομαι	γενήσομαι	ἐγενόμην	γέγονα	γεγένημαι	-----
γιγνώσκω	γνώσομαι	ἔγνων	ἔγνωκα	ἔγνωσμαι	ἐγνώσθην
γράφω	γράψω	ἔγραψα	γέγραφα	γέγραμμαι	ἐγράφην
δεῖ	δεήσει	ἐδέησε(ν)	-----	-----	-----
δείκνυμι	δείξω	ἔδειξα	δέδειχα	δέδειγμαι	ἐδείχθην
δέχομαι	δέξομαι	ἐδεξάμην	-----	δέδεγμαι	-----

* Hyphenated forms of the Principal Parts appear only in compounds.

PRINCIPAL PARTS OF VERBS:

I	II	III	IV	V	VI
δηλόω	δηλώσω	ἐδήλωσα	δεδήλωκα	δεδήλωμαι	ἐδηλώθην
διδάσκω	διδάξω	ἐδίδαξα	δεδίδαχα	δεδίδαγμαι	ἐδιδάχθην
δίδωμι	δώσω	ἔδωκα	δέδωκα	δέδομαι	ἐδόθην
δοκέω	δόξω	ἔδοξα	----	δέδογμαι	-ἐδόχθην
δουλεύω	δουλεύσω	ἐδούλευσα	δεδούλευκα	----	----
δύναμαι	δυνήσομαι	----	----	δεδύνημαι	ἐδυνήθην
δύω	-δύσω	-ἔδυσα / ἔδυν	δέδυκα	-δέδυμαι	-ἐδύθην
ἐάω	ἐάσω	εἴασα	εἴακα	εἴαμαι	εἰάθην
ἐθέλω	ἐθελήσω	ἠθέλησα	ἠθέληκα	----	----
εἰμί	ἔσομαι	----	----	----	----
εἶμι	----	----	----	----	----
ἐλαύνω	ἐλῶ (ἐλάω)	ἤλασα	-ἐλήλακα	ἐλήλαμαι	ἠλάθην
ἐλέγχω	ἐλέγξω	ἤλεγξα	----	ἐλήλεγμαι	ἠλέγχθην

* Hyphenated forms of the Principal Parts appear only in compounds.

PRINCIPAL PARTS OF VERBS:

I	II	III	IV	V	VI
ἐπανίσταμαι	ἐπαναστήσομαι	ἐπανέστην	ἐπανέστηκα	-----	-----
ἐπίσταμαι	ἐπιστήσομαι	-----	-----	-----	ἠπιστήθην
ἕπομαι	ἕψομαι	ἑσπόμην	-----	-----	-----
-----	ἐρήσομαι	ἠρόμην	-----	-----	-----
ἔρχομαι	ἐλεύσομαι	ἦλθον	ἐλήλυθα	-----	-----
ἐρωτάω	ἐρωτήσω	ἠρώτησα	ἠρώτηκα	ἠρώτημαι	ἠρωτήθην
εὑρίσκω	εὑρήσω	ηὗρον	ηὕρηκα	ηὕρημαι	ηὑρέθην
ἔχω	ἕξω σχήσω	ἔσχον	ἔσχηκα	-ἔσχημαι	-----
ζάω	ζήσω	ἔζησα	-----	-----	-----
ζητέω	ζητήσω	ἐζήτησα	ἐζήτηκα	-----	ἐζητήθην
ἡγέομαι	ἡγήσομαι	ἡγησάμην	-----	ἥγημαι	ἡγήθην
ἥκω	ἥξω	ἦξα	-----	-----	-----
θάπτω	θάψω	ἔθαψα	-----	τέθαμμαι	ἐτάφην

* Hyphenated forms of the Principal Parts appear only in compounds.

PRINCIPAL PARTS OF VERBS:

I	II	III	IV	V	VI
θεάομαι	θεάσομαι	ἐθεασάμην	-----	τεθέαμαι	ἐθεάθην
θύω	θύσω	ἔθυσα	τέθυκα	τέθυμαι	ἐτύθην
ἵημι	-ἥσω	-ἧκα	-εἷκα	-εἷμαι	-εἵθην
ἱκνέομαι	ἵξομαι	ἱκόμην	-----	ἷγμαι	-----
ἵστημι	στήσω	ἔστησα / ἔστην	ἕστηκα	ἕσταμαι	ἐστάθην
καθίστημι	καταστήσω	κατέστησα / κατέστην	καθέστηκα	καθέσταμαι	κατεστάθην
καλέω	καλῶ	ἐκάλεσα	κέκληκα	κέκλημαι	ἐκλήθην
κεῖμαι	κείσομαι	-----	-----	-----	-----
κελεύω	κελεύσω	ἐκέλευσα	κεκέλευκα	κεκέλευσμαι	ἐκελεύσθην
κλέπτω	κλέψω	ἔκλεψα	κέκλοφα	κέκλεμμαι	ἐκλάπην
κολάζω	κολάσω	ἐκόλασα	-----	κεκόλασμαι	ἐκολάσθην
κρίνω	κρινῶ	ἔκρινα	κέκρικα	κέκριμαι	ἐκρίθην
κτάομαι	κτήσομαι	ἐκτησάμην	-----	κέκτημαι	-----

* Hyphenated forms of the Principal Parts appear only in compounds.

PRINCIPAL PARTS OF VERBS:

I	II	III	IV	V	VI
κωλύω	κωλύσω	ἐκώλυσα	κεκώλυκα	κεκώλυμαι	ἐκωλύθην
λαμβάνω	λήψομαι	ἔλαβον	εἴληφα	εἴλημμαι	ἐλήφθην
λανθάνω	λήσω	ἔλαθον	λέληθα	-----	-----
λέγω	ἐρῶ	εἶπον	εἴρηκα	εἴρημαι	ἐλέχθην
	λέξω	ἔλεξα		λέλεγμαι	ἐρρήθην
λείπω	λείψω	ἔλιπον	λέλοιπα	λέλειμμαι	ἐλείφθην
λύω	λύσω	ἔλυσα	λέλυκα	λέλυμαι	ἐλύθην
μανθάνω	μαθήσομαι	ἔμαθον	μεμάθηκα		
μάχομαι	μαχοῦμαι	ἐμαχεσάμην	-----	μεμάχημαι	-----
μέλλω	μελλήσω	ἐμέλλησα	-----	-----	
μένω	μενῶ	ἔμεινα	μεμένηκα	-----	
μετανίστομαι	μεταναστήσομαι	μετανέστην	μετανέστηκα		-----
μηχανάομαι	μηχανήσομαι	ἐμηχανησάμην	-----	μεμηχάνημαι	
μιμνήσκω	μνήσω	ἔμνησα	-μέμνηκα	μέμνημαι	ἐμνήσθην

* Hyphenated forms of the Principal Parts appear only in compounds.

PRINCIPAL PARTS OF VERBS:

I	II	III	IV	V	VI
νικάω	νικήσω	ἐνίκησα	νενίκηκα	νενίκημαι	ἐνικήθην
νομίζω	νομιῶ	ἐνόμισα	νενόμικα	νενόμισμαι	ἐνομίσθην
οἶδα	εἴσομαι	----	----	----	----
οἰκέω	οἰκήσω	ᾤκησα	ᾤκηκα	----	ᾠκήθην
οἴομαι / οἶμαι	οἰήσομαι	ᾠήσάμην	----	----	ᾠήθην
ὁράω	ὄψομαι	εἶδον	ἑόρακα / ἑώρακα	ἑόραμαι / ὦμμαι	ὤφθην
παιδεύω	παιδεύσω	ἐπαίδευσα	πεπαίδευκα	πεπαίδευμαι	ἐπαιδεύθην
πάσχω	πείσομαι	ἔπαθον	πέπονθα	----	----
παύω	παύσω	ἔπαυσα	πέπαυκα	πέπαυμαι	ἐπαύθην
πείθω	πείσω	ἔπεισα	πέπεικα	πέπεισμαι	ἐπείσθην
πέμπω	πέμψω	ἔπεμψα	πέπομφα	πέπεμμαι	ἐπέμφθην
πίπτω	πεσοῦμαι	ἔπεσον	πέπτωκα	----	----
πιστεύω	πιστεύσω	ἐπίστευσα	πεπίστευκα	πεπίστευμαι	ἐπιστεύθην

* Hyphenated forms of the Principal Parts appear only in compounds.

PRINCIPAL PARTS OF VERBS:

I	II	III	IV	V	VI
ποιέω	ποιήσω	ἐποίησα	πεποίηκα	πεποίημαι	ἐποιήθην
πολιτεύω	πολιτεύσω	ἐπολίτευσα	πεπολίτευκα	πεπολίτευμαι	ἐπολιτεύθην
πράττω	πράξω	ἔπραξα	πέπραχα / πέπραγα	πέπραγμαι	ἐπράχθην
πυνθάνομαι	πεύσομαι	ἐπυθόμην	-----	πέπυσμαι	-----
σκέπτομαι / σκοπέω	σκέψομαι	ἐσκεψάμην	-----	ἔσκεμμαι	-----
συμβαίνω	συμβήσομαι	συνέβην	συμβέβηκα	-----	-----
συνίημι	συνήσω	συνῆκα	συνεῖκα	συνεῖμαι	συνείθην
σῴζω	σώσω	ἔσωσα	σέσωκα	σέσωσμαι / σέσωμαι	ἐσώθην
τάττω	τάξω	ἔταξα	τέταχα	τέταγμαι	ἐτάχθην
τελευτάω	τελευτήσω	ἐτελεύτησα	τετελεύτηκα	τετελεύτημαι	ἐτελευτήθην
τίθημι	θήσω	ἔθηκα	τέθηκα	τέθειμαι	ἐτέθην
τιμάω	τιμήσω	ἐτίμησα	τετίμηκα	τετίμημαι	ἐτιμήθην

* Hyphenated forms of the Principal Parts appear only in compounds.

I	II	III	IV	V	VI
τρέπω	τρέψω	ἔτρεψα / ἐτραπόμην	τέτροφα	τέτραμμαι	ἐτράπην / ἐτρέφθην
τυγχάνω	τεύξομαι	ἔτυχον	τετύχημα	-----	-----
φαίνω	φανῶ	ἔφηνα	πέφηνα	πέφασμαι	ἐφάνην
φέρω	οἴσω	ἤνεγκα / ἤνεγκον	ἐνήνοχα	ἐνήνεγμαι	ἠνέχθην
φεύγω	φεύξομαι	ἔφυγον	πέφευγα	-----	-----
φημί	φήσω	ἔφησα	-----	-----	-----
φθάνω	φθήσομαι	ἔφθασα / ἔφθην	-----	-----	-----
φιλέω	φιλήσω	ἐφίλησα	πεφίληκα	πεφίλημαι	ἐφιλήθην
φοβέομαι	φοβήσομαι	-----	-----	πεφόβημαι	ἐφοβήθην
φράζω	φράσω	ἔφρασα	πέφρακα	πέφρασμαι	ἐφράσθην
φυλάττω	φυλάξω	ἐφύλαξα	πεφύλαχα	πεφύλαγμαι	ἐφυλάχθην

* Hyphenated forms of the Principal Parts appear only in compounds.

PRINCIPAL PARTS OF VERBS:

I	II	III	IV	V	VI
φύω	φύσω	ἔφυσα ἔφυν	πέφυκα	-----	ἐφύην
χαίρω	χαιρήσω	-----	κεχάρηκα	-----	ἐχάρην
χορεύω	χορεύσω	ἐχόρευσα	κεχόρευκα	κεχόρευμαι	ἐχορεύθην
χράω	χρήσω	ἔχρησα	κέχρηκα	κέχρημαι	ἐχρήσθην
χράομαι	χρήσομαι	ἐχρησάμην	-----	κέχρημαι	
χρή	χρῆσται	-----	-----	-----	-----
ψεύδω	ψεύσω	ἔψευσα	-----	ἔψευσμαι	ἐψεύσθην

* Hyphenated forms of the Principal Parts appear only in compounds.

PREPOSITIONS AND PREFIXES:

	+ GENITIVE	+ DATIVE	+ ACCUSATIVE	-AS PREFIX
ἅμα		At the same time as; together with		
ἀμφί	About, concerning	About; by reason of	Around; around towards, about	Around, about, on both sides
ἀνά		Upon (location)	Up along; over, through, up to	Up; back [up], [up] again
ἄνευ	Without			
ἀντί	Instead of,			Instead, in opposition to, in return, against
ἀπό	Away from; after (time); from, by; by means of			From, away, off; in return, back
διά	Through		On account of/ because of	Through, over across; apart
εἰς			Into/to (location); For (purpose)	Into; in; to
ἐν		In, at, near, by among, on; within, during		In, at, on, among; into
ἐκ/ἐξ	Out of, from; after			Out, from, off, away
ἔνεκα	For the sake of			
ἐπί	On, upon, toward; in the time of	On, by; over (ruling); on condition that, for (causal)	For (extent of length or time); against; to, at, for (the goal of motion)	Upon, over, at, to, toward, in addition to, against, after

PREPOSITIONS AND PREFIXES:

	+ GENITIVE	+ DATIVE	+ ACCUSATIVE	-AS PREFIX
κατά	Down from, down toward, under; against		Down along, down through; during, for the purpose of	Down from above, back, against
μετά	With, together with	amid	Into the midst of; after (time & location)	Among; after; in quest of
μέχρι	As far as			
παρά	From/from the side of	By the side of, in the presence of, at	Along, by, past; besides; throughout (time); beyond; in consequence of	Alongside, by, beside, beyond, past, over, aside, amiss
περί	About, concerning	About; for, from	Around; in regard to; about (approximately)	Around, about, beyond, over, exceedingly
πλησίον	Near	Near		
πρό	In front of; before (time); before (in preference to)			Before, forth forward; for, on behalf of, defense of, in preference
πρός	At the side of, at the hands of; πρὸς θεῶν before the gods	At, near, in addition to	Toward, to, against; in relation to, for, according to	To, toward; in addition; against
σύν		With, along with		Together with; completely

PREPOSITIONS AND PREFIXES:

	+ GENITIVE	+ DATIVE	+ ACCUSATIVE	-AS PREFIX
ὑπέρ	From over, over, above, on behalf of, for, in defense of, concerning		Over, beyond	Over, above; on behalf of, for; exceedingly
ὑπό	From under; by (agent)	Under (rest)	Under (motion); during (time)	Under, behind, secretly, slightly gradually,
χάριν	For the sake of			
χωρίς	Without, seperate from			

* For a more detailed description of prepositions see Smyth 1675-1702

CONTRACTION RULES:

VOWEL CONTRACTIONS

αα	ᾱ
αᾱ	ᾱ
αε	ᾱ
αει	ᾳ
αει*	ᾱ
αη	ᾱ
αη	ᾳ
αο	ω
αοι	ῳ
αου	ω
αω	ω

εα	η or ᾱ (after ε)
εᾱ	η or ᾱ (after ε, ι, ρ)
εαι	η/ει or αι
εε	ει*
εει	ει
εη	η
εη	ῃ
εο	ου
εοι	οι
εου	ου
εω	ω
εῳ	ῳ

ηαι	ῃ
οα	ω
οε	ου
οει	οι
οει*	ου
οη	ω
οη	οι or ῳ (subjunctive forms)
οο	ου
οοι	οι
οου	ου
οω	ω
οῳ	ῳ

* εῖ = Spurious Dipthong. Spurious dipthongs arrise from contraction or compensatory lengthening. Either ει or ου can be a spurious dipthong. They are treated like ε and o in vowel contractiong. See Smyth 6.

CONTRACTION RULES:

SIGMA FORMING RULES

Labial $(\pi/\beta/\varphi)$ $+ \sigma = \psi$
Palatal $(\kappa/\gamma/\chi)$ $+ \sigma = \xi$
Dental $(\tau/\delta/\vartheta)$ $+ \sigma = \sigma$ (on occasion: $\delta + \sigma = \zeta$)

THIRD DECLENSION DATIVE PLURAL
COMBINATION RULES

π,β,φ	+	$-\sigma\iota$	=	$-\psi\iota$
κ,γ,χ	+	$-\sigma\iota$	=	$-\xi\iota$
τ,δ,ϑ	+	$-\sigma\iota$	=	$-\sigma\iota$
ν	+	$-\sigma\iota$	=	$-\sigma\iota$
σ	+	$-\sigma\iota$	=	$-\sigma\iota$
$-\alpha\nu\tau-$	+	$-\sigma\iota$	=	$-\bar{\alpha}\sigma\iota$
$-\varepsilon\nu\tau-$	+	$-\sigma\iota$	=	$-\varepsilon\iota\sigma\iota$
$-o\nu\tau-$	+	$-\sigma\iota$	=	$-o\upsilon\sigma\iota$
λ	+	$-\sigma\iota$	=	$-\lambda\sigma\iota$
ρ	+	$-\sigma\iota$	=	$-\rho\sigma\iota$